新消费品牌从0到N的增长密码

程英奇　著

冰泉牙膏创始人创业实践
和20多年知名品牌操盘经验之作

南方传媒
广东经济出版社
·广州·

图书在版编目（CIP）数据

新消费品牌从0到N的增长密码 / 程英奇著. —广州：广东经济出版社，2023.5
ISBN 978-7-5454-8616-2

Ⅰ. ①新… Ⅱ. ①程… Ⅲ. ①品牌—企业管理 Ⅳ. ①F273.2

中国版本图书馆CIP数据核字（2022）第237594号

责任编辑：毛一飞
责任校对：高克非
责任技编：陆俊帆
封面设计：邵德辉

新消费品牌从0到N的增长密码
XIN XIAOFEI PINPAI CONG 0 DAO N DE ZENGZHANG MIMA
出版发行：广东经济出版社（广州市水荫路11号11~12楼）
印　　刷：珠海市国彩印刷有限公司
（珠海市金湾区红旗镇永安一路国彩工业园）
开　　本：787mm×1092mm 1/16　　**印　　张：**14.5
版　　次：2023年5月第1版　　**印　　次：**2023年5月第1次
书　　号：ISBN 978-7-5454-8616-2　　**字　　数：**231千字
定　　价：68.00元

发行电话：（020）87393830　　编辑邮箱：gdjjcbstg@163.com
广东经济出版社常年法律顾问：胡志海律师　　法务电话：（020）37603025
如发现印装质量问题，请与本社联系，本社负责调换。

推荐语

宝顶创投创始合伙人、欧莱雅（中国）前副总裁、阿芙精油前总裁张耀东

新消费浪潮的崛起，刷新了我们对品牌塑造和品牌增长的认知，让我们感受到了创新的热情，并了解了多变的模式。这本书系统性梳理了新消费品牌从无到有，从0到1、到10、到N的成长思路和营销变化，对大家了解新消费品牌的内驱力和外驱力很有借鉴意义。

维达国际控股有限公司中国区总裁汤海棠

在这本书中，你能探寻到新消费品牌的增长逻辑，解答品牌增长的困惑，打造与时俱进的品牌增长利器，找到自己的跨越式增长路径。

壹网壹创 CEO、强生消费品中国区前总裁邓旭

能持续增长的品牌，都是与时俱进的品牌。这本书，出自一个很会与时俱进的人之手，为想要打造更有价值的品牌的创业者或者品牌经营管理者打开了新的一扇窗，能让他们看到很多品牌增长的新风景。

Colorkey 品牌总经理司艳军

消费者在变，渠道在变，竞争对手也在变。你如果原地踏步，就会不知不觉被别人赶超。新消费品牌不如有资历的传统品牌家底深厚，增长力是决定品牌存亡的关键。本书的作者虽然是一个初创者，但也是一个经历了20多年残酷市场洗礼的奋斗者，还是一个持续学习、持续创新、持续与时俱进的市场迭代者。这本凝聚了他实践和奋斗智慧的书，体现了他对品牌如何穿越周期，如何持续增长，直至走向成功的深入的洞察和判断，相信会让读者大有收获。

摇滚动物园创始人茅盼攀

新消费品牌，有时候赢在赛道选择，输在步伐太快，品牌节奏很重要。这本书为大家呈现了品牌从0开始，如何在不同的阶段，找准适合自己的节奏和打法，最终站住、站稳的方法。认真读完，你会发现，可以少走很多弯路。

御泥坊品牌总经理黄晨泽

对消费品牌来说，无论新老，都需要不断完善自己的增长体系，与时俱进打磨自己的增长利器。这本书比较全面地梳理了品牌打造的原则和品牌增长的内外逻辑，值得大家用心品阅，收获自己的增长能量。

妈妈网创始人杨刚

生意的本质是创造价值，这样才能有持续的增长。本书的作者，结合自己的创业实践和市场洞察，系统性呈现了品牌增长的逻辑、路径和策略，给新消费品牌的创业者和品牌运营管理者带来不一样的视野，相信会助力更多企业实现品牌突围和增长。

舒适刀片中国区总经理陈波

这本书写得客观，具有实效性，对于想要系统性了解品牌的孵化、品牌增长的逻辑和方法的人来说，非常实用。新消费品牌的创业者则能从其中清晰看到品牌发展过程中可能面临的增长与发展困局，可以减少很多试错成本。

威莱集团副总裁常青涛

新消费品牌的崛起，不能只是依靠营销创新和流量红利，更应该回归初心给消费者创造超出预期的产品体验，满足消费者心智。程总以一个创业者的身份，结合自身在知名快消品领域20多年实战中的独特思考与领悟，从品牌定位、品牌规划、产品创新、渠道布局、场景触达、营销突破、客户体验等方面的底层逻辑和深层思考展开阐述，既有理论指导又有案例剖析，这是一本坚持长期主义的实战宝典，非常值得大家阅读。

新国货促进会执行会长胡晓东

新消费崛起，一批新消费品牌及其创始人迸发出耀眼的光芒。本书的作者，正是其中的代表。作者在消费领域奋战 20 多年，也躬身入局投入新消费赛道创业，用双重视野为大家总结了新消费品牌脱颖而出的方向和方法，包括如何摆脱流量困局，如何找到走向持续增长的路径，等等。期待更多人从中汲取到品牌增长的能量，开创更多熠熠生辉、走向长红的新消费品牌。

OIB. CHINA 创始人吴志刚

新消费品牌从破土而出，到历经风雨、茁壮成长背后，展现的是创始人面对多变市场的智慧和行动。这本书，正是凝聚了一个极具个人风格的新消费品牌创业者，对市场的敏锐洞察，对品牌价值的塑造、品牌营销和增长的洞见和策略，详细有料，对想要探索新增长的品牌来说，会收获新的启发，更有信心面对多变的市场。

美妆产业营销专家、头条超品研究院首席顾问张兵武

对于新消费市场变化的感知，身处其中的一线创业者是最敏锐的。这本书最难能可贵的，是从一线创业者的视角，给我们展现怎么打造品牌，塑造价值，传递价值，应对变化，走向持续增长和品牌胜利，使品牌不至于沦为昙花一现的网红品牌。我觉得无论是传统品牌，还是新消费品牌，都能在这里找到适合自己的增长方法论。

化妆品报社社长杜伟

新消费品牌的蓬勃生长力让人惊叹，更让人渴望探究背后的增长逻辑。这本书，从创业者的角度，系统、全面地呈现了一个新消费品牌的成长路径。别人的答案固然回答不了自己的问题，但对那些尚处在焦虑中的品牌学习从焦虑中发现问题，从问题中寻求对策，勇敢地应对不确定性的挑战，抵达成功的彼岸，具有很好的示范价值。

品观传媒董事长、CiE美妆创新展创始人邓敏

站在诸多聚光灯下，新消费品牌的优点被不断放大，与之相应的，一些缺点也会被放大。如何与时俱进，又不为外界环境所扰，迷失方向，对新消费品牌来说是一个大大的考验。这本创业实践者所写的书，或许不能说是打造品牌、获得增长的宝典，但一定会给很多想要获得增长的人力量和启发，找到品牌在不同阶段的正确打法。

青眼创始合伙人李惠华

程总是我钦佩的创业者。他在埋头赶路的同时，也时时不忘抬头看天。增长是每个品牌的永恒追求，程总所写的书，非常实在地呈现了新消费品牌的孵化路径、清晰的增长逻辑和多元化链路，可以很好地启发我们，如何保持健康的增长，远离恶性增长。

美妆网董事长阿桂（桂绍元）

新消费品牌不断崛起，我们看到了很多品牌快速从0增长到1，但是如何从1到10，从10到N，更具挑战性，这也成了很多品牌的增长瓶颈。而这本书，会助力很多创业者和品牌营销管理者，找到新的增长答案，迈向新的增长阶段。

《中国化妆品》杂志社主编刘丽

新消费浪潮滚滚而来，其核心就在于用心和用“新”，颠覆了人们传统的认知。想要持续向上，品牌就得汲取新的能量，懂得转弯，提升能力，才能更好满足消费需求，获得自己的江湖地位。这本极具战略眼光和实践性的书，有助于你在云谲波诡的竞争中领悟新的增长法则，做出最有利的决定，收获成功。

中国化妆品实效传播新媒体“根号C”首席内容官李平根

揭示新消费品牌的崛起路径，道破新消费品牌的增长玄机，拆解新消费品牌的底层逻辑，擘画新消费品牌的未来图景。本书作者既有新消费品牌的创业实践，也有着20多年日化企业营销管理的成功实践，这种双重身份的结合，让这本书离市场更近，使增长更实。无论你是传统品牌，还是新消费品牌，都可以从此书中获得增长和发展的“必杀”智慧，构建品牌深厚的价值护城河。

聚美丽创始合伙人许文君

新消费品牌的成功，离不开在对的时间，掌握流量密码。但流量瞬息万变，掌握不变的内核才是新消费品牌持续成功的保障。这本资深品牌操盘手所写的书，十分老到、全面地总结了品牌持续增长的内核，可读性强，诚意推荐大家一阅。

未来迹创始人刘李军

或许很多人以为，做好新消费品牌，就得靠“烧钱”。但如果你看了这本书，就会明白，没有一个新消费品牌能够随随便便成功。从最初的市场洞察，到产品的打磨，营销推广，想要获得增长，每一步都不容踏错。读完这本创业者所思、所悟、所行、所止的书，相信你会展望品牌走向长红的未来。

东耳文传创始人陈畝

品牌营销，既有共性也有特性。在消费迭代的当下，新消费品牌营销方法论亟待升级！大家更希望掌握破局进化、持续增长的新方法，成为长线赢家。这本新书，是程总历经实战、深思沉淀后的精华，宛若拨云见日，直击根本！呈现了品牌不同阶段务实增长的逻辑与方法，既有实劲，也有巧劲，可读性强，值得细品。

C2CC传媒总编陈晓霞

我一直坚信，新消费品牌的生长力中，藏着所有品牌的美好未来。但是在抵达未来之前，品牌需要结合实际，锻造出自己的韧性和弹性，多学多思，跳出自己的信息茧房。这本书，非常客观、全面地呈现了一个创业者、资深品牌操盘手对与“时”俱进、与“势”俱进的品牌增长方法论的思考，相信会让寻求增长的人，获得思维的拓展和认知的迭代，越过山丘，坚定走向自己的增长大道。

网红头条创始人彭儒林

这本书凝聚了作者新消费品牌创业实践和操盘消费品牌20多年的智慧，呈现了他最贴近市场的作战战略和策略，以及品牌不同发展阶段的增长思考和应对方法，理论性和实践性都很强，相信会给读者带来指引，让读者收获品牌增长的秘诀。

新象财经联合创始人江忠锋

一个新消费领域的创领者与实践者，不仅在这个赛道上创新前进，闪闪发光，而且能把自己多年对市场的洞察、品牌打造和持续增长的逻辑总结出来，自成一脉，公开分享，实在难能可贵！这样一本走在新消费前沿，集聚思想精华与实战经验的品牌增长宝典，相信无论是对传统品牌还是新消费品牌从业者来说，都极具阅读价值，值得反复品研。

顺风传媒董事长韩顺兴

新消费品牌的走红，令无数人想要复制背后的成功密码。这本书，正是为大家呈现了一线创业者实践的“成功框架”和可行性方法。当然，对于如何打造高质量品牌，如何持续焕新，你也可以从中找到答案。

序一

大浪淘沙，剩者为王

作为中国美容美发化妆品行业从无到有、不断发展壮大的亲历者和见证者，我有幸见证了一批批中国品牌从无到有，从弱变强，家喻户晓，甚至走出国门，擦亮中国美业的名片。我为此无比感动，也无比自豪。

特别是近年来，伴随我国国力的提升、文化自信的提升、渠道的变革、制造业的升级以及国人消费水平的提升，消费市场迎来巨变，孕育了一大批率先洞察市场、各具特色的新消费品牌，刷新了大家对品类的认知，满足了大家更个性化的需求，进一步促进了消费变迁和消费升级。打造一个品牌的周期，也在逐步缩短。

2020 年是新消费品牌的一个分水岭，红杉资本、复兴集团、IDG（美国国际数据集团）等众多国内外顶级投资机构相继投注新消费品牌，引发诸多关注，也吸引了更多创业者入局，一些有实力的传统品牌也开始“加码”新消费赛道，希望打造自己在新消费领域的新增长曲线。这一年，也因此被称为“新消费投资元年”。

在资本的催熟下，新消费品牌备受瞩目。所谓上桌容易，留桌难。三年以来，在内外巨变下，虽然新消费品牌的走红比以往更快，但是如何从走红到长红，成为所有新消费品牌生死存亡的难题。整个 2022 年，新消费行业面临前所未有的挑战和经营压力，反映到资本市场就是投融资大大降温。根据 IT 桔子相关数据，2022 年，消费品行业融资数量较 2021 年减少了约 43%，且在这一年中，C 轮及以上融资事件仅占 5%。有的新消费品牌走着走着就没了，有的走着走着就走回了以前的老路，掉入了以前的坑。

褪去狂热，新消费上演一轮轮大浪淘沙。但我们也惊喜地看到一个个跑出来的消费品牌，经历了市场的洗礼后，站稳脚跟，满血冲向新的发展阶段，找到了新的确定性增长路径。冰泉牙膏正是其中一个品牌。这个创立于2019年的新锐口腔品牌，虽然从诞生之初就没赶上好时机，但仍然连续几年获得突破性增长，在新消费赛道熠熠生辉，足见品牌创始人的智慧。

这个品牌的创始人，正是这本书的作者程英奇，也是我多年的好朋友。他可以说是中国美业的传奇人物，曾经带领蓝月亮、索芙特、拉芳、滋源等品牌团队，打造很多品牌业绩高峰。现在，他作为一个创业者，既有20多年的知名品牌操盘经验，带领品牌做到数十亿元业绩，又有短短两三年把品牌从0做到业绩为数亿元的经验。他写下的这本书，可谓凝聚了他几十年的品牌孵化与运营的宝贵经验。

纵观本书，系统性梳理和呈现了新消费市场的洞察观与方法论、新消费品牌打造的思路与运营策略、产品打造的思路与技巧、不同平台的营销策略和打法、品牌增长的路径、消费者的运营，将新消费品牌从诞生之前，到上市之后的全链路发展都囊括其中，条理清晰，内容翔实，极具实战性。无论是想要入局的创业者，还是已经躬身入局的创业者，或者是陷入瓶颈而无所适从者，我相信都能通过这本书获得新的思考和灵感。对于一些新消费赛道有可能会遇到的陷阱，也能通过这本书获得预警，少走弯路。

“这是一个最好的时代，也是一个最坏的时代。”新消费赛道红利滚滚，但有志者、有方者，方能享受到这个时代的红利。

法国著名童话《小王子》里有一句名言：“如果你想造一艘船，你先要做的不是催促人们去收集木材，也不是忙着分配工作和发布命令，而是激起他们对浩瀚无垠的大海的向往。”新消费品牌想要从0到1，从1到10，从10到100，甚至是到自己想要的那个N，最先要做的，是想方设法激发大家对新消费美好的无限向往。大浪淘沙，“剩”者为王。我希望读过这本书的新消费从业者，都能经受住风浪，成为数一数二的胜利者。

马　娅
中华全国工商联美容化妆品业商会监事长
2023年2月

序二

勇立潮头，破浪而行

“春江水暖鸭先知”，中国新消费品牌的崛起发展，飞速前进，引领了中国消费时代的创新变革，生动展现了中国消费者消费行为和习惯的变迁，也使品牌的发展路径得到多元化重塑。也因此，出现了一个流传颇广的观点：在新消费滔天巨浪下，每一种消费品，都值得用新的品牌或者新的方式重新做一遍。于是千军万马前仆后继涌向新消费赛道。

但炙手可热的赛道往往危机四伏，一着不慎满盘皆输。研究品牌发展与广告传播几十年，我看到了新消费的商业生态瞬息万变，这对一些初创品牌和不能跟上时代的品牌打击巨大，但也有一些品牌抓住了市场竞争中唯一的不变之处——为消费者提供更好、更精准的产品和消费体验——而脱颖而出，渐入佳境。而想成为一个合格的、有所作为的新消费创业者，需要对新需求、新渠道、新规则、新产品、新模式保持敏锐的洞察力和快速的反应，找对自己的细分赛道，找到适合自己的战略和战术，顺势而为，敢于破局，进有可攻之利器，退有可守之坚固护城河。如此，新消费品牌方能实现持续增值和增长的品牌效应，而不是沦为昙花一现的流量品牌。

面对挑战加剧的竞争环境，新消费创业者想要在新消费赛道有更多收获，立于不败之地，需要保持学习，保持钻研，提升思维的深度和广度，提升信息应对能力，磨炼出更具实战性和实效性的新消费品牌打造方法和技巧，方能获得持续发展，拥有走向长红的底气和底牌，在新消费浪潮中抵御风浪，提升效率，勇立潮头。

本书的作者英奇，正是一个很爱学习的新消费创业者，也是一个在消费领域深耕了20多年的品牌实战家，有着操盘蓝月亮、索芙特、拉芳、滋源等知名品牌的实践经验，可以说是在战火纷飞中血战突围的佼佼者。他将自己打造新消费品牌的创业经验，以及对新消费品牌的敏锐洞察、所思所学所为，去伪存真，凝练精华，打造了这样一本新消费品牌增长的实战宝典，为新消费品牌创业者、想要了解新消费的人群，提供不一样的视野，勾勒出新消费品牌从孕育到破土而出、茁壮成长的可行路径。

当然，对于新消费品牌创业者或者传统品牌运营者来说，从来不会有直接拿来就可以用的必胜宝典。但是英奇这本精编细写的书，为大家呈现了如何洞察市场，如何规划品牌，如何在不同的阶段审时度势、跨越周期、应对危机，如何打磨新产品，如何玩转新营销，如何避免掉坑，如何做好消费者运营等一系列的战略、方向、方法、方针，相信一定会带给大家一些洞察新机、自我迭代的思考和灵感，指引品牌获得每一个阶段性发展的小胜利，从而汇聚成一个个更大时间轴下的大胜利，生生不息，不断向前。

我相信，无论现在是什么起点，只要敢于打破思维的边界，勇往直前，创造独特的价值，那么中国新消费品牌必然有浩浩荡荡的前路，能够走向振奋人心的星辰大海。期待看完这本书的你，也能破浪而行，走得更远，站得更高，成为新消费赛道中熠熠生辉、持续闪耀的佼佼者。

何海明
中国传媒大学教授、博导
中国传媒大学擘雅品牌研究院院长
国家广告研究院副院长

目　录

洞察篇

品牌篇

产品篇

营销篇

增长篇

消费者运营篇

洞察篇

1. 把握新消费的变化

这是一个全新的消费升级时代，也是一个属于年轻人和年轻化的时代。在这个时代，变化是主流，变革是大势，唯有拥抱变化和坚持变革才能有持续的发展。

我们通常讲的人货场是静态市场环境下的市场运营，而在动态的市场发展中，一个品牌除了人货场重构的营销以外，还需要建立新消费的管理观念。

笔者将当前的消费升级分为四类，即习惯消费、刚需消费、间歇消费和冲动消费。这四类消费反映了顾客的消费心理和消费行为，也是品牌更好运用人货场经营的核心导向。

习惯消费品指的是那些已经融入消费生活中的不可或缺的商品。比如牙膏和牙刷，没有它们，我们会变得很不习惯。习惯消费品是主流市场，也是主流认知，更是高势能产品，因为它们具备驱动整个品类发展的能力。

刚需消费品指的是为有特定消费需求的人群提供的商品，比如抗敏牙膏、口腔溃疡清火牙膏等。这一类商品满足了特定的功效需求，满足了特定人群精准的需要，也是一种针对性消费。化妆品中的祛斑、祛痘、舒敏等产品也是刚需消费的体现。刚需消费品属于个性化的专属市场，刚需消费者有消费的独特性和占有性，讲究的是信任和实效，拥有的是对消费的一种依赖，一旦爱上就很难离开，黏性非常强。

间歇消费品指的是有一定的认知、有一定的需要，但不是依赖性的，不是长期消费的商品。比如我们购买了一个商品，用得不持续，用完后可能长时间不再购买，想起来又去买一下。这类间歇消费品在口腔商品中最常见的就是漱口水。人们刚开始对漱口水形成基础的消费认知，有了一些消费意识，但是消费欲望不强烈，还没有形成广义人群，因此漱口水属于一种间歇消费品，有市场潜力，但还需市场教育。如头皮护理液、肌底液、芦荟胶等也属于此类产品，消费者对其有部分消费认知，但还属于窄性消费。它也许会成为习惯消费的后备力，但需要一个渐进的过程；它不是主流商品，但是会成为趋势类产品。品牌不能依赖这类产品做自己的营销主力，也不能靠这类产品来占领当下的市场，但是可以在品牌大势下顺势发展，成为品牌营销的潜力新支撑。

冲动消费品指的是消费属于冲动性、突然性购买的商品。消费者或许以前对这个商品没有形成消费习惯，也没有强烈的消费认知，只是突然或者偶然看到了一个商品，被触动和激发了购买的欲望，从而购买了这个商品。这一类商品的消费带有偶然性和冲动性。在口腔商品中，口腔喷雾是最典型的冲动消费品，消费者买的时候觉得很新奇，买完以后用用停停，也许不会再用。冲动消费带有一定的盲目性，属于商品消费的触发期，只是出于好奇或者抱着玩一玩的心态去购买，但是因为没有形成习惯，或者没有形成潜意识的消费认知，就会存在一种跟风购买的倾向。如美容仪器、泡泡面膜、慕斯洗发水、胶囊精华等就属于这类产品。冲动消费是启发消费的一种，也是品牌扩大消费市场的一种增量，能给品牌带来新鲜度、新亮点，但是热度的持续很难把握，需要不断触发和跟准热点，也需要用猎奇的心态去做产品研发和推广。它不能成为品牌的核心，但是可以作为品牌营销的点缀和小惊喜。

品牌要根据不同的消费类型和产品类别去抓消费者的深度和黏性，也要结合不同的渠道来进行研究和确认，而不是从单一的某个方面去思考消费黏性的问题。

很多新消费品牌的成长和成功，归根结底，在于抓住了这个消费变革的“五新”时代。“五新”是什么？

第一是新青年：现在是年轻人驱动消费，形成了整体消费的年轻化和消费环境的年轻态。新青年喜欢按照自己的方式去购买。

这就要求品牌所有的营销必须围绕着年轻新世代（Z 世代，1995—2009 年间出生的一代人）去思考和谋划，所有的品牌驱动必须以年轻新世代作为起点。只有符合新青年需求的品牌，才有新未来。

第二是新媒体：各种各样新媒体的产生导致了信息的碎片化，而且是平行碎片化。你看你的，我看我的，你爱你的，我爱我的。平行碎片化的新媒体环境导致了认识和认知的不可预测性和不可掌控性。

第三是新渠道：各种各样的新渠道层出不穷。中国的营销渠道 20 多年经历了从百货商场到批发市场、商超、CS（Cosmetic Shop，化妆品店）、电商，再到现在各种各样新零售电商和新零售潮店的兴起。新渠道反映了流量的变化，反映了购物路径的变化。针对新渠道，品牌必须加以了解，也必须加以甄别，哪些是适合自己的，哪些是需要快速进攻的，然后找到最适合自己的新渠道机会，通过新渠道去体现自身品牌的竞争力，创建自己的新优势壁垒。

第四是新消费：现在的消费模式已经不再是由兴趣促进的简单购买，而是由消费共鸣驱动的消费转移，比如各种各样的直播，多样化的新消费方式不断涌现。

第五是新模式：各种各样的经销合作模式、直营合作模式、维护合作模式，以及更多新合作模式涌现。

这种消费变革的“五新”时代成就了新营销模式，新营销模式又成就了很多新消费品牌。从系统思维上讲，新营销绝对不是单点新消费的管理，而是针对新消费管理建立“五新”的营销系统认知和系统管理。

2. 打破认知天花板

很多时候，我们未察觉或觉得一些事情难以理解，根源就在于对其缺乏相应的了解，也就是存在认知的盲区或者说天花板，导致对同一个事情/信息的思维判断不同，应对方式也不同。人和人之间最大的差异，在于认知的差异。

古希腊著名哲学家芝诺在回答其弟子的一个问题时提到，人的知识好比一个圆圈，圆圈里面是已知的，圆圈外面是未知的。你知道的越多，圆圈也就越大，同时你不知道的也越多。

我们需要不断打破自己认知的天花板，重构自己的思维模式，不要用过去的经验判断未来。如何打破这种思维模式？笔者的回答是：要建立认知的不同维度，形成不同的认知高度。笔者的老师叶茂中先生曾说过，认知大于事实，我们要基于事实去建立认知的宽度和高度。

因此，对于消费者，对于行业，对于市场，对于自己，我们要清醒地知道，凡事都要通过专业精细化强化管理知识，通过数据和事实建立认识，通过工具分析和经验判断建立认知。由此可见，认知就是一个知识＋认识的升级过程，可以让我们思维更加清晰，行为更加果断，让我们积极自信，敢于创新突破。

知识是品牌经营管理的逻辑，既体现了品牌的专业化、精细化，又体现了品牌的规范化。品牌创始人或者管理者要有品牌经营的专业知识，从目标消费者认定，到品牌定位的设计、产品研发的系统、价格体系和商业模式的构建、渠道精细管理的规划、立体化推广体系的创新等方面都要专业，要有系统化的管理。这是一个品牌的前进之本，也是企业的经营之根。

认识是品牌对市场认知知识的清晰图像，自己的现状、对手的情况、行业的趋势等，都在其中。这是品牌管理的重点。

管理需要用数据和事实说话。品牌管理者要时刻关注市场的动态和变化，找到最合适的品牌经营思路和策略，不断优化，不断改进，不断精进。做好这一步，是实现品牌战略目标的保障。知己知彼，方能百战百胜，通过不断达标，不断提升，才能使品牌处于新高度。

知识和认识是品牌发展的动能。要想实现“1+1=10”，品牌就要构建认知势能。通过认知的势能，突破天花板，让品牌透过现象看本质，透过今天知明天，站在更好的起点，建立更高的维度，从而在发展的关键阶段实现更好的跨越，实现增长和成功。

认知，是品牌最大的营销生产力。打破认知的局限和天花板，让品牌获得更大的认知势能，在与“时”俱进中实现与“势”俱进，找到新的渠道机会，找到新的产品机会，找到全新的爆发点，找到更具个性化和竞争力的商业模式。突破固有的思维，从本能的习惯性思维中颠覆自我，也是想干和敢干的创新力表现。

认知要突破更高的天花板，需要品牌管理者有强大的洞见能力，有全面的整合能力，有勇于尝试和创新的实干能力，知行合一。用知识武装自己，用认识强大自己，并突破认知的局限和天花板，品牌就能不断取得新的成功和更大的胜利。

3. 新消费的特点和趋势

有一段时间，大家对于新消费品牌有各种各样的唱衰观点。在笔者看来，新消费品牌的发展，是时代向前的永恒未来。在这个多变的时代，有实力的新消费品牌更应该去把握新消费，摸清新消费的特点和趋势，从而在这个不确定的时代不断建立和修正自己更加确定的未来。

统一的产品已经无法满足各个年龄层和各个消费渠道的需求。这是一个千人千面的时代，产品需要个性化的展现，品牌除了实现产品功效的细分外，还要在产品竞争差异化、渠道属性满足等方面充分突出个性，满足多变的消费要求，也要通过产品个性让品牌更具竞争力。这个个性不是静态的，而是多变的，需要品牌不断跟随时代变化，做到与时俱进。

渠道也在变革和转型。无论是线上还是线下，渠道的消费特点和商品组合都出现了明显的分类分层，品牌要度渠定做，做到同频共振，与渠道共同把握人货场的重组，建立新的渠道结构，打造新的渠道管理模式，形成新的渠道掌控能力。这个变化不是新消费品牌的自娱自乐，而是与渠道商共进共创共赢。

新消费的媒体已经充分碎片化，而且是平行碎片化的。消费者的认知模式已经重组，不同的人群有不同的媒体信息通道，更多的是平行而不交叉。在媒体不断碎片化的状态下，靠电视、电影等传统的大众媒体已经难以实现品牌效应的放大，因此需要更多的媒体组合，甚至不同阶段有不同组合。在变化中建立起全新的新媒体整合营销能力，已经成为新消费品牌的营销推广核心。

流量分散。过去大平台稳定的大流量充满了多种不确定性，新消费无法通过单一的渠道和流量实现营销发展。品牌要在分散且变化着的流量状态中建立自己的流量运营结构并重组，并且是动态重组。只有自己具备对流量结构的重组能力，才能有新消费的持续经营能力。

此外，新消费本身也意味着持续的新变化。消费多元化已经成为一种常态，无论是消费的认知和转化，还是消费的渠道和形式，或者消费的持续和复购，都呈现立体和交叉。新消费品牌的管理必须建立品牌和渠道的生态思维，建立全域营销理念，从而形成整体的复合营销管理能力，才能够保障新消费品牌的稳健成长。

当然，新消费其实也反向推动着传统商业模式的变化，无论是供应链还是商业交易方式等，都需要适应各种新合作、新方式，甚至需要进行创新创领。把握和转化新的商业模式也是新消费顺应趋势、顺应变革的全新发展力。

新消费，就是要在“新”中找到新自己，在“新”中成就新未来，而这个未来就是始终与新消费的特点和趋势同步，从而乘势取得成功！

4. 年轻新世代的消费逻辑

新世代的崛起，让我们迎来了一个新消费时代。这个群体迅速成长，引领着新的消费潮流。相较以往的消费群，年轻新世代有着怎样的消费逻辑呢？

以笔者创办的广州冰泉化妆品科技有限公司（简称“冰泉”）为例，其品牌使命是要做新世代最喜爱的口腔品牌，致力于发展口腔行业未来的新消费。这里面的核心有两个要素，一个是未来，另一个是新消费，如何把握未来的新消费至关重要。

对品牌来说，就要强化消费需求的变化和升级，了解行业趋势，了解消费变化，了解消费新需求，针对需求研究和分析品牌价值并进行产品开发，响应新的需求，把握新需求的销售机会，从而在新需求中建立品牌的新起点，占领全新的品牌胜利制高点。

同时，在新世代的消费理念中，颜值即价值，颜值是新消费的基础表达，也是新消费认可的基础要求，因此，品牌必须从传统消费理念中跳出来，针对新世代的认知理念设计包装和表现产品。针对不同年龄段的消费群要提供多种颜值展现方式，从而形成立体的消费认可度。

新消费品牌的吸引力，不仅在于产品好看，还在于产品好玩和好用。因此，新消费品牌的推广，既要注重产品的外在表现，又要提升产品的品质，加强产品对消费者的兴趣触动。好看的产品更好用，好用的产品更好玩，用品质和兴趣推动消费升级，才能够形成新世代的持续消费能力，才能够获得新世代的消费认可和品牌忠诚。

新消费的基础是功效，新消费的价值在于差异化，而新消费的沉淀则在于消费情感价值。新世代不仅在乎产品的效用，还在乎品牌和产品与自我的情感共鸣，消费内容的触达能让消费更富想象力和获得情感归属。因此，如何在新场景中形成新消费情感内容沟通，也是新消费的重要一环。通过情感触达，让新消费更加生动，更加自然，让品牌和消费拥有同样的标签符号，从而形成新消费最大的销售转化力和复购力。

新世代的消费也是不断变化和升级的。品牌要关注各种新事物和新需求，了解品类和产品的同步变化。有时候，新消费的崛起也需要品牌进行开创性的营销变革，与“时”俱进，与“势”俱进，做新消费追求的引领者和推动者，这也是品牌在新世代消费发展中的战略跨越能力的体现。

当然，新消费也不是抛弃过去，而是用新而进。所谓新消费的逻辑，必须以传统消费为基础，以新消费承接和创新为动力，去建立新世代新消费的强大品牌领导力。二者相辅相成，共同构建了新消费坚实的发展未来。

5. 新消费品牌创业拐点

在新消费品牌创立过程中，总是会遇到各种各样的变化、阻力和机会。我们不能因为阻力而让自己陷入瓶颈，而是要把握机会，找到新的增长拐点。这是新消费品牌管理者必须具备的战略眼光和经营认知，也是新消费品牌持续发展的保障。

面对变化、阻力和机会，如何把握新消费品牌创业拐点?

第一，从产品力走向品牌力。

产品力体现的是新产品给新消费带来的新鲜感和冲击力，或者出现“爆品”，实现更大的销量，但这只是品牌发展的阶段性能力。品牌发展最终依靠品牌力，所谓品牌力，就是拥有更多消费忠诚和复购的经营能力。也就是要通过产品建立消费者的心智认知，成为消费价值定位中的领导者，从而获得消费信任力和持续购买力。

第二，具备对流量结构的高效稳定驾驭力。

单一的大流量和大销售，会让品牌的营销管理充满流量变化的波动性。一个优秀的新消费品牌必须在前进中吃着碗里的，看着锅里的，想着田里的，建立更加长远的流量组合结构，让流量结构来保障营销的持续发展，通过流量运营实现品牌的精进和成长。

第三，打造更强的渠道盈利能力。

品牌要中心造势，周边取量。任何渠道经营绝不是一种单一的盈利或者“烧钱”的管理，渠道管理也不是做算术题，而是要通过对某个渠道的放大来造势，通过造势实现多渠道共同取量。这就是一种取和舍的把控管理。如何建立渠道新结构、新比重，实现新盈利，很大程度上就决定了新消费品牌的优势和强势。

第四，完善和优化企业职能管理体系。

随着企业的不断发展、市场营销行为的多元化构建、企业经营的多样化需求，品牌企业的职能管理体系战略必须同步配称。新消费品牌必须具备更多、更强、反应更快的支持能力。只有供应链、财务、人力资源等跟随着营销战略的改变而不断优化，才能够让品牌同步高速发展。

第五，团队要拥有适应变革的管理能力。

战略决定了品牌业务的发展方向，而人才决定了品牌战略的落地，新项目、新业务也决定了品牌要有完善的人才管理体系。只有内部和外部的人才战略与新消费品牌的发展相匹配，才能够让品牌经营充满活力，保障品牌始终奔跑在新消费的快车道。

打造新消费品牌本身就必须具备“变态”思维。只有在变动中找到应有的状态，才能够在变动中找到自己发展的新拐点。选择更加确定的和精准的发展经营赛道，才能够在新消费创业中逢山开道，遇水架桥，顺风顺水挂高帆！

6. 挖掘新需求，找到新大陆

打造新消费品牌不仅仅要做好现在，更重要的是创新未来，而创新未来就在于品牌要在发展中不断挖掘新需求，找到成长的新大陆。

因此，在新消费品牌经营中，我们必须掌握洞察新需求的六大方法。

第一，看行业洞察需求。

无论是渠道结构还是产品品类升级等，新消费品牌经营者都需要通过行业的发展变化，了解行业的结构重组方式，了解行业的全新走向，从而与行业保持同步。这是基本的需求洞察，新消费品牌经营者如果不能做到先知先觉，那么也可以做到后知后觉。

第二，看大盘洞察需求。

通过多个大平台的大盘数据分析，新消费品牌经营者可以知道新消费的转变。大盘往往是新消费的风向标，通过大盘数据我们可以知道消费的增长和衰退，知道有哪些新需求和新机会，知道新消费的喜好和结构，动悉品牌和市场的冷暖，知道更多的差异化需求。

第三，看对手洞察需求。

对于竞争对手，我们需要广义的认知，竞争对手往往是新需求洞察的温度计。所以我们要深刻分析对手，了解他们的新战略、新部署。通过分析对手，做出相应的评估和预测，做出自己对新需求的判断，就能够让我们少走弯路，不会陷入伪需求的陷阱中。

第四，看跨界洞察需求。

新消费品牌经营者需要从更广的视野、更高的维度去了解需求变化。通过行业的跨界，我们可以从新需求的洞察中获得更多的启发，知道如何进行借鉴和融合，从而找到需求创新的新机会。

第五，看趋势洞察需求。

对于趋势，不是仅仅通过数据，也不是仅仅通过大盘和对手就能了解的。趋势的洞察是多维度的，我们需要具备对整体趋势变化研究分析的能力，需要在市场变化的火花中预见新趋势。做得好不如做得巧，做得巧不如做得早，当我们在趋势中洞察到新机会时，就能够在新趋势中最先获得发展的红利。

第六，看上游洞察需求。

产品的创新很多时候在于配方和原料的创新。我们必须时刻了解供应商的创新变化，通过供应商的新发展和新能力，找到自己新需求燃烧的新引子。到上游去转化新需求，往往能够让品牌的创新赢在起点。

对新消费需求的洞察不是单一的，也不是偶然的，需要新消费品牌经营者具备全面、敏锐的市场驾驭力，需要集体的智慧，并不断尝试和破局。当新消费品牌始终在新需求的赛道上前进，也就离成功的创新大道不远了。

7. 新消费时代的品牌机遇

在新时代，新消费企业要取得成功，就必须把握新的品牌机遇。所谓机遇，就是顺应机会，把握趋势，乘势实现品牌更加强势的增长。

笔者总结了抓住新的品牌机遇的五大方法。

第一个方法：做第一个吃螃蟹的人，洞察新品类，成就新势力。

在行业发展过程中，各种新消费在升级，各种新需求被触达，从而推动了行业的品类升级，比如洗护行业中的头皮护理产品，比如口腔行业中的漱口水、电动牙刷等，新的品类升级往往是渐变的。在新品类成长期中聚焦创新和加大投入，强势推动，让自己成为新品类的“老大”，打造自己的品牌高度，成就新势力，往往是实现品牌快增长的最好途径。

第二个方法：跟随新渠道发展，做新渠道的领导品牌。

各种各样的新渠道层出不穷，各种各样的新销售机会随之出现，在这个时代媒体即平台，平台即媒体，渠道已经不再是过去的传统概念，众多的新渠道催生了新的销售机会，新的消费时代，当我们看到一个有发展潜力和发展体量的渠道快速成长时，如果能够集中优势兵力重点突破，做新渠道的领导者，往往就能够实现渠道新亮剑，展现弯道超车的新能力。

第三个方法：做颠覆性迭代产品，寻求新突破。

产品不仅仅会升级，也会有消费迭代，这种颠覆性的迭代往往会给新消费带来巨大的发展机会，比如香皂被沐浴露替代，比如洗衣粉被洗衣液替代等，当我们找到新的品类迭代的潜在机会的时候，不论是快速推动引领新品类还是跟随大力发展新品类，都是一个绝佳的商机，也是企业发展新突破的巨大机遇。

第四个方法：打造新品牌，建立新增长。

品牌出于价值定位，往往会聚焦相应的品类领域，顶多以行业作为代表，当新消费企业拥有新的商业能力的时候，打造新品牌，扩充新行业，进入新领域，能够实现新的商业增量，把握住新品牌机遇，往往能够实现“1+1>2”，完成企业多品牌发展矩阵的新增长，达到新高度。

第五个方法：创建新模式，创新商业打法。

无论是老品牌新品类，还是新品牌，其实商业发展的最高境界都是新商业模式的构建，一个新的商业模式能够让我们从传统的惯性思维和操作中跳出来，形成全新的竞争维度和能力，新模式往往是整体性增长的利器，新模式、新打法能够让我们建立全新的蓝海市场，走向成功的未来。

新方法固然很多，但是新消费机遇在市场实际操作中可遇而不可求，对于新消费品牌的经营，我们必须在现实的状态下看到机遇，把握机遇和成就机遇，这才是品牌成功的秘诀和王道。

8．面对机遇，如何做出正确的选择

新消费领域会涌现各种各样的机遇。所谓机遇，就是机会恰好被品牌遇到了，并成为品牌发展的助力点。因此，机遇往往是品牌发展的加速器。

面对机遇，品牌经营者要把握五点，去展现乘风而上的能力。

第一，精准判断。

面对机会，品牌经营者必须认真分析研究，了解机会是否适合自己，是否能够带来大的商业推动，是否顺应行业的大趋势。同时，针对机会的投入，自己是否有足够的能力和实力，包括人财物等是否能够匹配。只有看得清、认得准的机会，才是真正的机会，否则就有可能是陷阱。

第二，快速决策。

对于一个品牌的中高层领导者来说，面对机会不能光看不想、光想不做，因此，要做出相应的决策。决策就是项目的立项和启动，就是机会转变成机遇的开始，领导者要敢于拍板，敢于快速迎接新事物，敢于接受新的挑战。因为这是一个快鱼吃慢鱼的时代。

第三，高效落地。

把握住机会后，一旦决定去做，就必须有高效且可行的落地方案，也就是必须制定新的管理目标和计划，编制新的财务预算，组建新的团队，事情到人，责任到人，工作跟进到人，一切就能够可行可控，快速前进。

第四，灵活应变。

新的项目或者管理工作具有不可预测性。因此，在管理中，千万不要因一时的困难而泄气，也不能因一时的顺利而得意，凡事都必须有充分的思想准备，做事要快，要积极应变，遇到问题要去找问题的解决方案，深层次解决问题，而不是因为出现问题而放弃前进。逢山开道，遇水架桥，面对机遇，做事要稳，遇事不慌，要敢于面对和承担，保持自己前进的信心和动力。

第五，经营升级。

面对新机会、新机遇，品牌经营者要有创新精神，比如管理模式创新，绝不能新瓶装老酒，用过去的思维或模式寻求新的突破，而是要顺应实际情况实现管理和经营的升级。当然，有时候选聘一些有新商业模式经验的人，会让自己少走弯路。积极引进人才，积极创新，会让品牌与时俱进。

新消费领域的品牌创建者，既要在大浪淘沙中勇于做第一个吃螃蟹的人，又要做一个深谋远虑、多谋善断的人，还要做一个与机遇同行、自我升级的人。唯有把握住机遇，才能让品牌更好、更强，在新消费市场乘风破浪。

9. 新品牌如何创新品类，切入细分市场

对于新消费品牌而言，如何创新品类，切入细分市场，立足新的成长性赛道，非常关键。俗话说，赛道不对，一切白费。一个品牌创立之初，最重要的就是选对能够高效成长的赛道。

“创新品类，切入细分市场”不是简单的一句话，而是需要从多个维度研究和分析，精准把握和选择。

其一，创新品类必须基于生活常识。品类不是自我发明的，而是随着消费者没有被发掘、没有被触动的需求而产生的，比如冰泉的口香产品定位就是根据消费者的基本常识推动的。大家生活中有嚼口香糖的需求，而以往大家认为刷牙仅为清新口气，当我们基于这个生活常识推动口香牙膏这一全新品类的时候，消费需求就轻易被激活了。

其二，创新品类必须紧紧跟随消费升级。消费者是否有需求，决定了品类是否有价值。消费需求的变化决定了品类的变化。再以冰泉为例，在冰泉推出年轻时尚定位的口腔产品之前，人们购买口腔产品仅为刷牙清洁和基础功效，停留在低端和大众，而冰泉顺应消费升级，率先将口腔产品上升到精致消费层面，用年轻化口香产品顺应消费升级，品类创新也就变得顺风顺水了。

其三，创新品类要基于品类发展和延伸。品类不是一成不变的，品类的关联消费会促进品类的全新成长，在成长中找到创新增长点也是一种较好的增长策略。比如传统的口腔产品，牙膏和牙刷的比重在90%以上，漱口水、口腔喷雾等在以前属于非常小众的品类，而随着口腔产品消费年轻化、社交化，这些以往小众的新品类高速成长，给冰泉带来了更多、更好的品类创新机会。

其四，可以在健康和环保的大趋势下实现品类创新。无论是在国外还是在国内，大家都极为重视健康消费及可持续发展的环保消费，品牌和品类的价值观成为很多新消费品牌的主要诉求。在这样的大趋势下，品牌从产品研发到产品技术，从产品包装到产品体验等全方位打造健康和环保的价值理念，打造有消费需求和社会责任感的新品类，也是一种全新的营销势能。

其五，可以基于更多的功效和技术发展推动品类创新。所有的消费实现，根本在于要解决消费者的痛点，也就是解决消费者的各种问题，而消费者在不同的阶段会有不同的需求，消费者的问题也有主次之分，甚至有的消费痛点会有滞后反应。品牌经营者发现了一个新消费痛点，其实就是找到了一个全新的细分市场。针对这个细分市场，品牌经营者如果找到新技术，形成新功效，就实现了一个极其真实和有价值的品类创新。

新消费时代，我们要牢记，所有的品类创新是以消费者为导向，以市场需求为前提去推动的。任何虚假的，或者是自娱自乐的品类创新，都绝不可能长远。唯有实效的、经得起消费者考验的创新，才是新消费品牌发展的原动力。

品牌篇 >>>

1. 为什么要打造品牌

从牌子到品牌，需要实力的认可、时间的沉淀，以及持续的巩固。很多牌子在成为品牌之前，就悄然倒下了。也有一些品牌，出于各种各样的原因，其品牌的光环在逐渐退却，甚至直接走向消亡。即便这样，还是有很多人奋斗在品牌打造的道路上，而不仅仅是推出几款产品。

为什么要打造品牌?

一是品牌符号认知度高，容易成为消费者的优先选择。

只要成为品牌，产品的差异化优势就会深入人心。当消费者面对各种同类产品时，品牌产品会率先从消费者脑海中跳出来，拥有被优先选择的机会。

二是有利于吸引优质合作伙伴，获得合作先发优势，快速扩大市场规模。

在吸引合作伙伴上，品牌和非品牌也有着不同的境遇，前者更具谈判优势，占据主导位置；后者则可能要使出浑身解数，经历重重挑战，才能进入备选名单。因此，品牌在市场开拓、优化供应链成本上，也会更具优势，有利于扩大规模，降低产品成本。在吸引资本或者筹集资金方面，品牌也更具优势。

三是可以降低新品推广成本，形成高效转化。

同样是推新品，品牌的新品，更容易被消费者关注和认购，因为品牌之前的积累，让消费者对其有基本认知并建立了信任基础，关注和尝试新品就自然而然了，新品推广和转化效率也会更高。

四是可以降低消费者的选择风险，提升信赖感。

对于同类产品，消费者在选择品牌时，基本上没有什么后顾之忧，因为有品牌力在，消费者信任品牌；而选择非品牌时，需要承担更多的产品使用体验不如预期的风险。

五是有更高的溢价权，避免陷入低价竞争。

当产品成为品牌，就有了更高的溢价权，不会轻易被各种低价竞争伤害，有更强的应对价格战的能力和底气。

六是发展更加稳健，有更强的抗风险能力。

品牌积累的品牌资产越多，抵御风险的能力就越强，发展也会更稳健，也将获得更多的资源加持。

归根结底，品牌是一种价值传递。当品牌的价值被越来越多的人认可和认定，并且愿意分享给更多人时，品牌力就展现出来了。

2. 如何打造品牌

品牌是企业持续经营、基业长青的核心。可口可乐前总裁说过：即使可口可乐公司在全球所有的工厂一夜之间化为灰烬，但凭借可口可乐这块牌子，第二天就能重新站起来。这句话非常生动地体现了品牌的意义。

从本质上来说，品牌的打造，是品牌价值定位的选择和将价值传递给消费者的过程。我们将品牌打造分成四个核心板块：品牌价值塑造、品牌价值放大、品牌价值实现和品牌价值保障。只有这四个板块做得越强，品牌的竞争力和发展力才越强。

第一，品牌价值塑造在于品牌顶层设计清晰和品牌创新能力强大。

品牌价值塑造其实就是将品牌价值定位放在起点，确定品牌近期、中期、长期发展纲领，从消费者画像、产品规划、技术规划，到整体形象推广、消费者推广、消费者内容沟通思路等，都有清晰的路线图。品牌的顶层设计清晰，就有了清晰的品牌价值框架，也有了整体的营销管理作战思维。

品牌价值塑造不是僵硬而死板的，也不是一成不变的。在实践计划中，我们要根据市场的实际情况和变化，不断地顺应和升级品牌规划，不断做出符合这个时代的新谋划，用创新让品牌价值实现不断跨越和突破，从而满足消费者的需求。因此，进行价值塑造的品牌管理者，不仅要站得高，还要看得远，更要走得快。

第二，品牌价值放大在于用产品和内容引爆市场。

塑造品牌价值不是做加减法，而是要做乘法和微积分。只有通过产品和内容放大品牌价值，才能让品牌高效成长。

产品不仅要有颜值，同时要体现技术突破、使用体验突破，激发消费者内心的购买冲动。好产品不仅要有好质量，还要好看、好玩、有趣、独特，使消费者对产品一见钟情。此外，产品还需要不断做出新意，让消费者获得奇特的新鲜感。

内容同样需要热点和爆点，要和消费者谈恋爱，让消费者感受到浪漫和真情，通过渗透消费者心理的方式做好消费者沟通，无论是语言、方式，还是喜好、热点的结合，都要有内容创造和创新力。内容是变化最快的，需要我们在不同的时间、用不同的产品、在不同的地方，讲出不同的消费者喜爱的话。

第三，品牌价值实现在于精准的渠道销售，高效度渠定做，同频共振。

品牌价值塑造和价值放大，让品牌有了足够的势能，而品牌的产品销售需要通过渠道实现。渠道经营管理是实现品牌价值最核心和关键的工作。渠道必须将经过塑造和放大的品牌价值承接过来，将品牌价值的势能转化为足够的动能。因此，要实现品牌与渠道的连接，就要顺势而为，做到度渠定做，结合渠道的战略和配套品牌的要求，实现品牌与渠道同频共振的管理落地。品牌和渠道之间，融合得越好，品牌的营销能动性就越强，团队工作就越顺畅。因此，品牌价值实现就在于打通精准渠道销售，从而形成源源不断的销售活力。

第四，品牌价值保障在于职能部门围绕品牌发展，快速响应，实效服务。

品牌价值实现离不开企业职能部门的保驾护航。企业的职能部门，都要有品牌价值保障管理的意识，做好相应的服务和支持，为推动营销做出相应的协同管理。比如供应链和采购部门如何做到更快、更好、更节约；人力资源部门如何招到合适的人，激发高效的团队合作，形成团队的战斗力和创新力；财务部门如何做好费用管控，做好品牌和渠道服务，如何快速响应；总经办如何统筹协调，做好内部的宣传造势和外部的品牌传播。这些都是职能部门应该意识到并落实的。职能部门做好价值保障工作，也就是做好品牌营销管理的配套支持工作。

3. 品牌规划的思路

品牌是规划出来的。没有好的规划，就难有好的品牌。想要做一个新品牌，笔者认为在规划时，要思考以下五个方面：

第一，要有“五品”的专业思维方法。

做新品牌，就要思考品牌的品名、品类、品系、品位和品创，也就是要将对这“五品”的思考画出来、写出来。“五品”是建立品牌的基本逻辑，只有掌握了基本逻辑，才有品牌的起点。

品名就是指品牌的名字。品名非常重要，因为它需要让消费者记得住，要有联想、有幻想、好传播。品名从某种程度上来说就是品牌的表象认知，甚至可以说有好的品名，这个品牌就成功了一半。

品类就是指品牌需要寻找的市场机会，要么代表某一个细分市场，要么代表某一个全新产品类别，要么代表某一种消费需求，要么代表某一类人群的喜好。总之，要找准品类机会。当你的品牌能够成为品类代表的时候，品牌就成了真正的品牌。在这个过程中，需要找到自己品牌的核心价值，知道自己的对标品牌，了解与对标品牌的价值差异在哪里，找到自己品牌的核心价值表现的优势。

品系是品类的传递，就是指品牌在开发产品的时候，产品的系列、品名、概念是否符合品类的需要，是否围绕着品类创新来做研发计划。

品位则是品牌内涵多角度的呈现，是品牌魅力的体现，包括产品的内外包装设计、形象风格、创新传播、渠道展现、消费者理解和沟通等，都需要有品位。这个品位代表品牌，聚焦于品牌，必须符合品牌的整体规划、调性、品类气质等。

品创指的是要有好的品牌创意，从品牌标语到品牌传播创新、卖点提炼、终端推广等，都要有尖刀的创意。这就如同叶茂中老师所讲的冲突理论，只有最好的创意才能让品牌具有最快的成长速度和获得最短的成功路径。

第二，要着重关注品牌的核心价值。

所谓的品牌核心价值，就是消费者为什么愿意选择品牌，品牌给他们提供了哪些核心价值，这些核心价值是否真的符合他们内心的需求，是否和其他品牌有明显的区别，是否独特，是否容易被模仿或者被超越。

第三，产品要符合消费发展的趋势。

趋势成就优势，优势打造强势，只有符合趋势的产品才有未来。趋势分两种：一种是潜在趋势，这需要洞察和深入探讨；另一种是明显趋势，这需要品牌经营者有竞争思维，有高度思维，不能一味地模仿，而是要与时俱进做新品。

第四，产品品质有保证，产品价格有吸引力。

好产品比好营销更重要，高品质的产品才有长久的发展，好产品才有好口碑、好未来。因此，好产品是品牌吸引消费者并培养忠诚消费者的唯一保障。而好的价格体系、盈利模式又是渠道商喜欢品牌和愿意经营品牌的前提。好产品让消费者愿意买，高利润让渠道商愿意卖，品牌的买卖就做成了。

第五，要有精准的渠道需求和定位。

笔者一直认为品牌不要做全渠道，有精准的渠道需求和定位，品牌才有未来。卖什么，在哪里卖，是很关键的，因为品牌的定位决定了渠道的定位，只有精准的渠道定位才能够实现品牌的高效发展，否则就会南辕北辙。

当然，品牌规划也要确定近、中、长期目标，做出对应的目标分解，以及具备能够达成目标的策略规划、组织架构、支持体系等，保障品牌目标的实现。

4. 品牌起步的四要素

品牌和产品是有区别的。品牌是消费者心目中认定的品类代表，而产品则只是有名字的商品。品牌是消费者的意识理解，而产品则是品牌的自我认识。要想成就一个好品牌，就必须做好品类规划、品名选择、包装设计和技术配称。

品类规划指的是品牌未来要代表什么，建立怎样的新品类，规划怎样的新定位，才能让该品牌在消费者心中建立起独特的、差异化的、有竞争力的认知。定位是品牌价值的起点，是品牌管理的起步，也是品牌在细分市场中找到自己位置的要求。当然，定位也涉及品牌与谁竞争，在哪个方面竞争，怎样去构建自己的竞争优势等问题。

有了品类规划，品牌就可以知道自己要做什么样的产品，品名的重要性也就不言而喻了。品名必须简单好记，必须能让消费者产生联想，也就是听到这个名字就能让人产生与之相关的想象。这个想象一定是和品类的未来规划相关，和品牌的发展方向相关。只有品名让人产生联想，才能实现品牌与消费者的沟通与相互理解。

包装设计是产品定位和品名联想的表达，也就是让消费者看到包装就能知晓这个品牌的产品内容，这样的包装才能够让消费者产生共鸣，让消费者觉得品牌名副其实。当然，包装设计也必须符合目标消费者对于颜值的要求，也就是要符合消费者对于时尚和产品魅力的要求。

除定位规划清楚、品名能让人产生联想、包装设计有关联之外，还需要较好的产品使用感，也就是品牌的技术能力能支撑品类需求。要让消费者认识到产品的好，就需要站在定位角度，站在消费者对于竞争产品理解的角度。只要消费者感受到技术配称，也就是产品的使用感到位了，那么品牌走向成功就是水到渠成的事。

这就是品牌起步四要素，定位规划是品牌的方向，品名选择是让消费者产生定位联想，包装设计是让消费者产生关联和好感，技术配称则是让消费者产生真实的使用感受。看到、想到、用到的都是一致的，品牌定位能够形成高效积累，品牌形象也就能够脱颖而出，品牌的成功也就近在咫尺了。

5. 好的品名，是品牌成功的开始

笔者自创了一个有关品牌成功的顺口溜：一个优秀和成功的品牌，必须做到听见名字有联想，看见包装有幻想，使用产品有感想，品牌推广能打响。这里面体现了品牌全方位成功的完整要求，其中，好的品名是一个品牌成功的基础保障。

品牌是消费者心智中对品类的唯一认知，能让消费者清晰地知道你是谁，你代表谁，并认为你是最优秀的，从而取得消费者的信任和依赖，并让消费者产生持续的认可和购买力。因此，品牌需要通过大量的传播和推广，让消费者产生记忆，直至在消费者心中刻上不会遗忘的烙印。

成功的品名必须有利于品牌价值和品类定位的传播，能够让消费者一听到就产生联想，能衔接品牌需要传递的价值信息。比如美肤宝，这个名字一听就给人一种美丽肌肤的联想，因此它在化妆品领域很快就得到了认知和认可。冰泉作为口腔护理品牌，一听这个名字就让人联想到冰爽和泉水叮咚的清爽，给人口气净爽的想象空间。三只松鼠作为一个零食品牌，品名一听就有趣味性、独特感和场景感，而且爱吃松子、核桃的松鼠和坚果有着天然的品类关联，本身就自带流量。同样地，自嗨锅这个品名，也让人联想到让人吃得开心且便捷的自热火锅。

品名除了能让人联想到品类代表和产品卖点外，也必须容易记忆，因此，名字不能太长，书写不能太复杂，要让人容易听清，容易记住，且朗朗上口。比如喜茶、元气森林、王饱饱、开小灶等，不仅有品名联想空间，还非常简单明了，容易记住，能够快速建立品牌印象。

当然，品牌的定位如果不是高端品牌，品名就不能太高雅，要相对大气，能雅俗共赏，既有文字的高度，又有口语化的维度，让消费者容易接受和亲近，让消费者感到自然舒适，比如花西子、完美日记、蓝月亮、简爱（酸奶）等，既有一定的文艺范，又有大众的生活范，光听名字就能让消费者很快接受，从而能快速走进消费者心里。

品名如果能够表达消费卖点和体现品类差异化，又不生搬硬套，还能够满足产生联想、容易记忆和雅俗共赏的需要，那就是绝佳的了。比如拉面说、江小白、立白等。其中，立白让人联想到立刻净白，该品名将产品卖点和差异化进行了最佳的结合。

一个好的品名是品牌成功的起点，要想让这个名字更加深入人心，产生强烈的消费记忆，还需要品牌方通过对品名的解读和演绎去放大。因此，品名的传播，需要品牌进行更多有内涵的推广和投入。比如以前有个冰箱品牌叫中意，它的广告语就是“中意冰箱，人人中意”，将品名的传播和品牌价值的讲述融为了一体，从而成为那个年代家喻户晓的品牌。好名字是品牌成功的起点，推广是好名字的放大器和扩音器，也是品牌声量的体现。

好品牌的成功离不开好产品，好品牌的记忆离不开好名字。做新快消品的企业管理者必须记住，名字不仅仅是品牌的一个符号，还是品牌价值腾飞的最好助力。

6. 新消费品牌的顶层设计

对新消费品牌来说，品牌顶层设计是关键。

任何品牌的成功都离不开品牌价值的持续驱动力，成功的品牌从一开始，就有非常全面的品牌顶层设计。

笔者认为，品牌价值的塑造必须贴近市场，贴近顾客，贴近这个时代的趋势。以冰泉为例，在冰泉创立之前，口腔护理市场已经进入了价格和促销的搏杀期，传统品牌用自己的品牌力透支着产品销售力，在这样的竞争环境下，作为新进入者的冰泉必须有自己的独特性、个性化竞争力，才能够在复杂的口腔护理市场中找到快速成长和成功之路。

冰泉从传统的口腔护理功效中跳出来，树立全新的口香价值，打造全方位的口香产品体系，同时在体系内推出美白、护龈、抗敏的功效系列产品，也就是通过口香价值的叠加来提升产品竞争力，实现品牌的价值升级。

冰泉用化妆品的手法打造口腔产品，注重产品的颜值，无论是品牌调性、色彩表达，还是包装的材质，都充分体现更好、更美的观念，体现这个时代的灵动，从颜值上让年轻人喜欢，让年轻人一看就爱上冰泉。

此外，冰泉站在高科技的角度全力做好产品的研发，比如与国际四大香精公司联合定制香氛，与口腔医院联合进行口腔产品功效的临床认证等，站在产品品质的高点，用好品质实现品值。

冰泉更加注重年轻人对产品的使用体验，无论是在产品膏体上，还是在产品的口感、凉感、香感方面，都充分结合年轻人的需求，通过数百位年轻人的试用体验打造年轻人最喜爱的产品，真正实现了清新口腔，越刷越香。

在各个平台和媒体的内容营销上，冰泉都注重解决消费者口气问题，注重消费者对开会、聚会、约会和熬夜等多种场景的产品需求，注重提升口香价值，实现社交属性、情感价值的传递，从而让消费者爱上冰泉。

在产品线构建上，冰泉聚焦口香价值的深入开发，让消费者不仅仅为了清洁而刷牙，更给消费者提供了全新的口香生活体验，用冰泉，感受口香牙膏解决口腔异味后带来的社交更自信、生活更亲近。

成功的品牌，就是围绕着自己品牌的顶层设计去精耕，坚持聚焦，坚持积累沉淀，坚持打动消费者并推动品牌渗透，坚持打造消费者心中认可、认定的产品。

7. 如何进行品牌定位

品牌定位体现了一个品牌的核心价值，可以让品牌快速与消费者建立长期和稳固的关系。在新时代下，如何找准品牌定位，笔者和大家分享六个观点。

第一个观点，传统的细分市场很难找到品牌定位。

营销是为了洞察需求，也是为了满足消费需求而推动的管理行为。长期以来，我们都是从消费者的细分市场中确立自己的品牌和产品定位。但是，在市场环境更为复杂、竞争更为激烈的今天，细分市场已经成为“毛细血管”，很难实现自己的竞争突破，也很难建立自己新的规模性市场。也就是说，“蓝海市场”其实已经不是海，而是小池塘，很难从中实现自己做大做强的目标。那么，品牌定位就必须从细分市场的认知中跳出来，在“红海市场”中实现自己的价值升级。也就是说，只有从细分市场的横向切割走向人群需求的高纬度设计，品牌价值定位才能拥有足够的市场机会和未来，从而让自己赢在布局的起点。

第二个观点，品牌定位是独特的价值定位，是第一和唯一的差异化。

有的人将品牌价值定位理解为某一消费方式，或者某一产品特点，其实这是错误的。消费方式或者产品特点只是营销的亮点和信任状，真正的品牌定位一定是基于品牌对消费的创造性或者颠覆性的开创，能让品牌占据市场主导地位、成为某一细分领域的领导者，或者因为自己有不可替代的能力而成为唯一的代表。市场第一和唯一的驱动力，才是品牌价值定位的真正制高点。

第三个观点，品牌定位来自消费者心智中的品类认知，而不是经营者的自我认知。

经常有朋友和笔者提及自己企业的定位，笔者觉得这也是一个误区。真正的定位不是你自己所认为的，而是消费者心智中所形成的，消费者的所想所说才是定位的真谛，消费者所理解并形成的印象和印记才是定位要落地的点。因此，品牌不仅仅要自己有认知，更要建立消费者的认知，或者要去调研消费者是否有真实的认知。

第四个观点，品牌定位是企业全方位的配称管理。

定位首先来自品牌的自我谋划，在谋划以后，真正要做到市场落地，就需要做好营销的配称，也就是说，整体营销规划是为了实现品牌价值定位而展开的。无论是产品设计、推广，还是团队和职能支持，都必须围绕品牌定位这个中心来实行管理配套。只有想和做是一致的，品牌定位才算真正实现了。

第五个观点，品牌定位的核心需要通过产品得到最好的展现。

消费者是通过品类来思考、通过品牌来表达、通过产品来选择的。如果品牌抓住了某一个品类并成为代表者和领导者，那么就实现了品牌定位的真正落地。因此，产品是品牌定位的最好展现，从产品的包装设计到产品配方、使用体验、创新升级等，都应该用最简单、最直接的方式，都应该围绕着品牌定位这个核心来塑造。

第六个观点，品牌定位的关键是要构建立体的内容创新体系并推广实现。

品牌推广是与消费者沟通的内容输出。品牌在做内容、与消费者沟通的时候，一方面要用消费者喜爱的方式来表达，把握消费心理和热点；另一方面要不忘初心，所有内容的精髓都必须基于品牌定位以不同方式演绎，从而获得积累和沉淀。品牌所传递的，消费者所听到的，都必须体现品牌价值。只有这样，推广才有效果。

8. 讲好品牌故事，塑造品牌文化

一个优秀的品牌要有品牌故事，但品牌故事不仅仅是品牌的一个传说，还是获得员工和消费者信任和喜爱的知识点，是品牌拟人化的一种沟通方式，更是品牌整体价值规划重要的一部分。

笔者认为，品牌故事不能虚假，让人一听就觉得不真实，觉得是忽悠，这样的品牌故事是失败的。品牌故事必须有相应的事实依据，并且能够在故事的表达中通过真实的讲述获得大家的信任和认可。真诚其实也是品牌价值的情感表达。品牌是有灵魂的，必须让消费者自然而然地贴近和亲近，而不是排斥。

同时，品牌故事不能够长篇大论，绕来绕去，而是要简单明了，用最简单的话讲述品牌最能触达心灵、最能获得认可的创建历程或者故事，从而让消费者听得懂、想得到，实现对品牌的认识、认知和认可。

品牌故事不是散乱地去讲一个故事，而是要和品牌定位价值有强关联。所谓的强关联不是硬套一个价值解释或者品牌说明，而是通过故事润物细无声地传递品牌理念，讲述品牌的经营价值观，甚至通过故事，让人自然地代入和融入品牌，不知不觉爱上品牌。这样的品牌故事，才能真正触达消费者内心。

品牌故事要有趣，能吸引消费者，同时这个故事最好是容易传播、有利于消费者分享的。有时候，消费者往往可以通过一个故事对一个品牌进行二次介绍和传播，因为品牌故事本身充满了乐趣，充满了值得表达的趣味。这样的品牌故事也让品牌拥有了有趣的灵魂。

有朋友问笔者，品牌故事和企业文化有关系吗？笔者的回答是肯定的。品牌故事是品牌价值观的一部分，它不仅体现了品牌内涵，还涵盖了企业本身的文化。文化和价值观是一体的，是品牌更加丰满的加持，品牌故事也是企业文化的自然演绎。

优秀的企业管理者和品牌经营者，必须构建品牌故事，让品牌故事成为品牌的传播经典，成为品牌发展的强大能量。

9. 为什么要有品牌使命和愿景

在笔者看来，品牌经营者的眼光在哪里，视角就在哪里，品牌最终的维度就在哪里。当你盯着脚下的路的时候，肯定不会走错路，但是不一定走得远。当你站得高、看得远的时候，既能够走好脚下的路，又能够拥有未来。

为什么说品牌要有使命和愿景？因为品牌使命是品牌所有的出发点和所有的原动力，品牌的最大的驱动力来自品牌使命。品牌愿景则是品牌的梦想，是品牌未来会到达的高度或者取得的成就。

所以，品牌自诞生之日起，就应该要有清晰的品牌使命和愿景。这样，无论是内部的团队，还是外部的合作伙伴、投资人/潜在投资人，都能知道品牌为何而来，要往哪里去。品牌的使命和愿景也会成为品牌战略的一部分，成为指引品牌持续向前的灯塔，融入品牌发展的每一个阶段。

因为有品牌使命，所以内部团队会知道自己为什么而干。当知晓为什么而干的时候，团队就有了高度、角度、态度和维度，会想方设法践行这个使命，把品牌做好。

比如冰泉创立时，确定的品牌使命是“让口腔生活更具美好时尚”。这就意味着，企业所有的员工，一切行为的出发点，就是想着怎么让这个品牌，从传统的、老旧的、低端的、没有特色的一众品牌中跳出来，这就体现了品牌的时代使命感。在这个使命驱动下，品牌团队就会努力让自己的产品、内容、推广、促销等，都能体现这个使命。

比如阿里巴巴的使命，是让天下没有难做的生意，解决了很多人想做生意但没有渠道的痛点。所以围绕着这个使命，阿里巴巴推出了很多对应的产品和工具。

除了要有品牌使命，还要有品牌愿景。愿景就是品牌的梦想，体现的是品牌发展的最终目标。

比如冰泉的品牌愿景是打造年轻新世代最喜欢的口腔品牌。这个愿景体现了三个理念：一是品牌的目标消费群是年轻新世代；二是要做出好看、好用、好玩的产品，让年轻人喜欢；三是通过年轻新世代，带动整个社会的年轻化。这个愿景不是让品牌去打破旧世界，而是去拥抱新世界，所以品牌不是要跟旧世界的品牌对比。

品牌的使命感越强，品牌的驱动力就越强。品牌使命和愿景，是团队为品牌持之以恒奋斗的共同目标，能让团队产生强大的号召力和影响力，增强团队的积极性和凝聚力。而如果一个品牌没有自己的使命和愿景，就会很容易在激烈的竞争和各种诱惑下，迷失方向。

10. 从新锐品牌到“中国品牌”的必经阶段

这是一个消费升级的时代，也是一个品牌价值驱动的时代。新消费品牌从狂热变得平静，走向更有序的发展。一个新消费领域的新锐消费品牌，要成为真正意义上的“中国品牌”，需要经历哪些阶段？

第一阶段，产品为王。

新锐消费品牌在创立之初，就要有清晰的品牌规划，这个规划可能需要3～5年甚至更长时间来实现。这是品牌经营的起点。罗马不是一天建成的，在品牌规划确定以后，更重要的是形成品牌发展的第一步势能，也就是打造自己的明星产品，形成影响力。有销售力、有信任力的产品，才能够使品牌在市场竞争中占位，在消费者的认知和渠道中拥有自己的一席之地。

以冰泉为例，在2019年品牌创立之初，冰泉就推出了口香糖牙膏，并在线上线下全渠道上市。但产品的上架只解决了产品覆盖面的问题，还不能形成营销冲击力，因此，在2019年下半年，冰泉聚焦口香糖牙膏在天猫的运营，抓住年轻、时尚、高颜值的色彩和口香社交的全新消费理念，一举实现了单渠道月销售额达千万元的突破，从而全面引爆市场。冰泉口香糖牙膏从此具备了极大的势能。

在这个势能影响下，冰泉乘势而为，在京东、唯品会、拼多多等线上平台全面发力，线下各大卖场齐头并进，最大化地将势能转化为动能，实现了冰泉口香糖牙膏销量大爆发。冰泉牙膏的产品力从而到达了一个全新的高度。

爆品只是产品为王的第一步。当品牌成功推出一个爆品后，必须要有“333”的产品组合理念，也就是要形成“3个”爆品、“3个”趋势品、“3

个”培育品的产品营销矩阵。冰泉在成功推出口香糖牙膏后，陆续推出奶茶香牙膏、冰激凌牙膏以及气泡漱口水、口喷等多产品矩阵，并建立各自的渠道重点和销售策略，实现了产品立体化、多元化和个性化，奠定了产品成功营销的坚实基础。

第二阶段，品类为强。

没有令人尖叫的好产品，没有形成自己的核心产品力，品牌就很难形成重点认知，也就无从形成持续的发展能力。而没有价值沉淀的品牌，就只会执行游击战术，也就是今天哪个产品好就做哪个产品，明天哪个概念热就推哪个产品。若品牌完全以市场为导向，丢掉了自己产品的价值沉淀，那么就只是一个机会主义品牌，不能够实现长久发展。

我们经常说，消费者的购物心理是通过品类来思考，通过品牌来表达，通过产品来选择。比如和朋友聚餐，会先想是去吃湘菜、川菜还是火锅，这就是通过品类来思考；如果决定去吃火锅，可能会先想到去吃海底捞，这就是通过品牌来表达；去海底捞，很多人必点招牌菜，比如招牌虾滑、牛肚等，就是通过产品来选择。

品牌坚持品类价值打造，坚持品类认知聚焦，就会让消费者对品牌建立品类领导者的印象，就比如消费者想买空调时，很多人先想到格力，因为建立了“好空调，格力造”的印象；消费者想吃火锅又害怕上火时，就先想到可以喝王老吉（加多宝），因为建立了“怕上火，喝王老吉（加多宝）”的印象。这样，消费者由信任品类领导者走向了信任品牌。但这个转变的前提是，品牌在这个品类上有让人尖叫的产品。

第三阶段，品牌精耕。

消费心智会不断变化，因为消费者在变，渠道在变，各种产品和品类的竞争环境在变。在这种变化中，如何在品类强有力的驱动下培养更广、更深、更强、更好的品牌精耕能力就显得至关重要。这也是品类和品牌发展的护城河。

品牌要实现更广泛的渠道覆盖，需结合品牌特色和属性覆盖更多的地区及销售门店，吸引更多的客户，实现全覆盖。品牌有了更广泛的渠道覆盖，就能让消费者处处看得到品牌。

品牌要实行更深入的渠道促销，度渠定做，同频共振。不同的渠道，要采取不同的促销方式，通过生动的、个性的，能够激发消费兴趣的促销活动，让消费转化率更高，同时确保品牌的新鲜度和活跃度，让消费者不厌倦。

品牌还要实行更强大的品牌立体价值推广，通过多媒体广告进一步提升品牌的知名度和影响力，通过阶段性主题推广提升品牌的美誉度，通过终端和平台形象提升品牌的价值。只有品牌足够强大，才能够进入更广、更深的又一个循环高度。

当然，品牌也要具备更好的支持、服务和市场响应能力，比如供应链必须快速反应，运营部门必须做好消费者沟通工作，针对市场机会及时创新和优化。当品牌有了更好的市场营销协同力的时候，就能够大步向前，更快冲锋。

第四阶段，品牌胜利。

无论是产品、品类还是品牌，除了全力发展运营以外，还必须制订阶段性品牌胜利的计划。

所谓品牌胜利，就是品牌在行业中的江湖地位，即品牌在市场中的多维度排名处于领先。单点的市场地位是不能称为品牌胜利的。无论是渠道的单点还是产品的单点，都不能够成为品牌胜利的依据。只有线上线下同时覆盖并同时拥有强有力的市场占有率，才是品牌胜利的开始。品牌胜利也不是一成不变的，需要品牌与“时”俱进、与“势”俱进、与“士”俱进、与“事”俱进，因时而变，因势而变，品牌经营者要有竞争思维，品牌只有在创新变化中具备强竞争力、强发展力、强销售力，品牌胜利的旗帜才能够持续迎风飘扬。

第五阶段，品牌国际化。

一个优秀的新锐消费品牌，既要有在中国市场的强劲发展，又要有高屋建瓴、朝着国际市场发展的远大理想，这是一个全球化趋势的品牌未来。每一个品牌的中国梦其实就是实现中国品牌全球化，这个梦想需要有更高的平台、更大的舞台，也需要有更广阔的品牌视野、更优秀的全球渠道经营能力。对于很多中国新锐消费品牌来说，这一梦想还比较遥远，但它将是中国新锐消费品牌发展的终极目标。

新时代，新消费，新锐品牌的进取没有最好，只有更好，唯有前进才是成功的真谛。任何一个新锐消费品牌，只要坚持品牌价值驱动的逻辑，坚持以消费者为导向的品牌经营理念，坚持特色化和个性化的创新追求，坚持在挑战中前进，那么就能一步一个脚印地走向自己的成功之路。

11. 抓住关键业务的“六顺”思维

笔者一直强调，品牌明确了战略方向和思路以后，最重要的就是抓住关键业务。只有抓住关键业务才能够确保各项战略目标的达成，也只有抓住关键业务才能够实现品牌营销管理的更大突破和跨越。

所谓关键业务，顾名思义，就是品牌经营管理工作中最关键、最重要的事项，是应该聚焦的核心要点。抓住关键业务要有“六顺”思维，即顺势、顺品、顺强、顺新、顺变、顺利，品牌经营者能具备“六顺”思维就能让品牌的发展顺风顺水。

关键业务必须顺势而为。

通过数据，通过资讯，通过同行，了解市场和行业大的发展趋势，掌握整个市场的成长性方向。只有顺应趋势，才能够实现快速发展，进行各种适应性管理，把握各种机会。

电商行业的大趋势是抓流量和人群新消费，品牌必须顺势抓住各种流量机会，了解各种人群消费特点和个性，顺势进行对应的内容营销升级。

线下渠道的大趋势是年轻化、小资化和产品组合特色化，是线上与线下销售的融合，品牌要抓住线下新零售的管理新趋势。

关键业务必须顺品而做。

所谓顺品，就是要顺应品牌战略、产品战略。所有的工作都要有品牌价值导向、产品重点导向及产品培育导向。顺品是了解品牌部门的各个工作方向和工作要求，也是和公司整体品牌思路高度一致的表现。

关键业务必须顺强而优。

顺强从业务层面来讲包含三个方面：一是最强的渠道重点，二是最强的爆品重点，三是最强的现有生意。从最强的渠道里面寻求突破，从最强的爆品里面精耕产品综合能力，从最强的现有生意里实现自己的优势提升。顺强就是一种重点业务清晰、管理主次分明的发展思路，把握好该思路就能够越做越优秀。

关键业务必须顺新而冲。

新消费时代下，各种新管理、新业务应运而生，各种新事物、新现场需要学习和借鉴。品牌要善于接受新的挑战，也要善于把握各种新机会。很多新管理、新业务就是未来的关键业务，就是需要培育的关键业务。

比如全新的内容营销升级，培养抖音、快手、短视频、小红书和 B 站运营能力；比如私域运营管理、社区团购、社群营销和银行物业营销等。这些都是顺新的体现，新业务中的关键业务就是品牌未来顺新的业务。

关键业务必须顺变而创。

市场是不断变化的，消费渠道也在潜移默化中变革。对于各种各样的变革，品牌必须后知后觉，及时同步变革顺应变化。只有洞察变化才能够知道如何变得更好更强。当然，有些变化是不可扭转的，需要品牌逐步放弃。应变管理就是品牌自身的变革管理，而变革管理需要品牌有高度、有策略、有快速反应能力。

业务方面的变化，比如达人直播的变化、自播发展的变化、信息流和达人短视频内容的变化、传统电商流量的变化、线下大卖场促销方式的变化、CS（顾客满意）渠道促销政策的变化、流量投入规则的变化等。这些需要品牌去了解、研究、分析，和各个平台、各个渠道共同变革发展，创造性地走出新的管理路子，通过变革和升级实现能力的提升。

关键业务必须顺利而战。

新消费品牌的发展，可以有阶段性战略亏损，但不能一直亏损，既要讲究量，又要讲究利。因此，品牌必须绘制自身管理的量利四象限图，知道哪些业务是量利兼得的，哪些是要注重质量的。量利兼得的关键业务，才是品牌真正需要投入更多人力、物力的业务，才符合精准的战略经营要求。

顺利而战，还要有剥洋葱的思维，从大板块中找到哪些业务是量利兼得的关键业务，将大板块细分为对应的小板块，找到小板块中有哪些关键业务。这样不断细分，不断找到每一个环节的关键点。每一个关键点就决定了下一个目标的达成，层层关键的目标达成也就推动了整体的成功。

在发展中，品牌必须牢牢以关键业务为主导推动工作前进，也必须通过关键业务实现最大的管理效益。当然，关键业务也是整体战略管理的一个部分，需要实行业务数据复盘、内外部环境分析、现有业务结构优化等。关键业务让品牌的工作更有重点，从而实现效能的突破。

关键业务是承上启下的，上有分析，下有承接和对应的组织职能支持，从而形成了关键业务的目标保障。

12. 打造长红的新消费品牌，可以从哪些方面突破

想要成为一个长红的新消费品牌，一定要真正读懂消费者、读懂时代的变化。品牌经营需要感性，但更重要的是理性。因此，新消费品牌在前行的道路上，需要正确认识存在的问题，这样才能持续前进，获得成功。

在笔者看来，新消费品牌一般存在以下三个问题：

问题1：纯产品导向，而非品牌经营导向，也就是不断推出迎合各种消费的爆品，甚至出现跨品类的无序爆品，没有体现品牌价值理念。

问题2：走单一的渠道模式，一条腿走路，比如只做线上或者只做线下，未建立多渠道的稳定的经营架构，只做简单而容易的事情，不做复杂、困难但是更长久的事情。

问题3：采用模式化的流量打法，比如总结出一个固定公式“5000篇小红书+2000篇知乎问答+超头部主播带货+KOC（关键意见消费者）出圈”，然而公式用得多了就不再是成功的利器。

对于这些问题，新消费品牌首先要有自己的判断和坚守，找准目标和长周期的方向，树立持续发展的信心。其次，不要有急功近利的心态，而是要制定品牌的长期发展战略。最后，抛弃投机思维，狠抓内功，提升专业化和系统化的运营管理能力。在发展导向上，必须由机会导向转向能力导向，必须由销售导向转向经营导向。唯有做长期的创业奋斗者，唯有培养持续的竞争能力，才有未来的基业长青。

有品牌长红的想法，也要有相应的做法。笔者认为，品牌要想长红，可以从以下六个方面突破：

第一，坚持以品牌价值定位定天下，通过品牌价值塑造，从细分市场中找到立体的区隔能力，找到自己在消费者心智中那个强复购的代表，去传递和实现品牌价值，打造品牌力。

以冰泉为例，其在创立之初就明确了以口香进行定位，这个差异化不仅使口香牙膏从美白、护龈、抗敏等功效中跳出来，解决口臭的痛点，更是放大了口气清新和口气留香的卖点，从而渗透了消费者的买点，建立并精耕基础功效价值，差异化口香价值，让生活更亲近、社交更自信的社交情感价值这三重价值体系。所有的经营行为都围绕这个三重立体品牌价值去驱动和塑造。

第二，坚持产品是王道，好产品才能够成就好品牌。

产品是品牌经营的第一要务，通过好的品质、好的技术、好的产品体验，让消费者听见名字有联想，看见包装有幻想，使用产品有感想。产品的科技力就是产品最好的消费体验力，这样才能让消费者爱上你的产品、品牌。

第三，建立立体的、精准的、专业化的渠道框架和管理体系，并不断夯实，让消费者处处看得到、处处买得到。

其中，立体指的是线上、线下都覆盖，线上销售是兴趣驱动，线下销售是产品信任驱动。精准指的是要根据品牌的产品、目标人群、购物场所的不同，建立拥有销售优势和竞争能力的渠道壁垒，而不是眉毛胡子一把抓地做全渠道或者有货就卖。专业化指的是度渠定做，同频共振，不同的渠道有不同的特色推广方法，品牌必须结合渠道的创新做出自己的创新。新消费品牌经营的稳定性，就在于所建立的立体的、精准的、专业化的渠道的稳定性。

第四，内容营销的创新，是长期发展的取胜之道。

内容是品牌和消费者沟通的载体，品牌要围绕消费者传递好看、好玩、好用、好嗨的品牌乐趣，用消费者喜欢的方式去沟通，不断结合消费者的兴趣动向以及市场变化，提升品牌的内容沟通能力，以此跟消费者建立长久的黏性，这才是内容营销的真谛。

不过，内容营销绝不能走极端，不能有了机会就猛投，出现问题就踩急刹车，而是应该结合渠道的需求做好对应的基础流量推广建设，也就是要通过基础内容投入来“种草”。

同时，要根据各个渠道的经营计划和预算来确定和稳定基础推广内容，然后，在新产品、新媒介、新场景中占领更多内容机会。

第五，做好结构化的顺应和转型。

结构化调整，第一个要点是要寻找品牌经营渠道的销量高地，组建自己的投入洼地，也就是量“利”而行，去建立稳固的保利增量的经营结构。

结构的转型肯定会面临阵痛，但每次转型都意味着一次新的革命和发展。面对经营困难，更要紧盯机会，在前进中不断调整，形成与自己最匹配的结构，通过结构化升级，实现品牌全新的业务发展力。

结构化调整，第二个要点是与“时”俱进，与“势”俱进。

因为市场是因时而变、因势而变的，品牌创始人或者管理者要时刻精准洞察市场，了解平台、了解趋势、了解机会、了解对手、了解自己，在创新中变革，在变革中创新，从而找到品牌最佳的发展结构，达到最好的经营状态。

第六，有与自己相匹配的组织管理体系和能力，才是品牌长期发展的保障。

对新消费品牌来说，多大的头戴多大的帽子。企业的人才，既不在于多么卓越和优秀，也不在于多么有执行力，更不在于有多年轻，而在于是不是适合企业的经营发展现状，是不是适合企业的业务发展需求。

新消费品牌的长红发展，既要守正出奇，又要出奇守正。守正出奇在于打好基础，把握机会和创新；出奇守正在于先创造自己独特的价值，再去构建自己的竞争壁垒，在正和奇中形成自己持续强大的经营力和发展力。

13. 成就长红品牌的关键

近些年，某些品牌通过特殊的营销方式实现了销量的高速倍增，或者通过剑走偏锋的方式，一举成名天下知，实现了爆发式成功。

很多人会很羡慕，希望自己的品牌也有这样的机会，实现颠覆性成长。在笔者看来，对于这样的机会可以期待，但也要特别谨慎。做品牌，要有爆红的机会思维，也要有长红的永续思维。

所谓爆红，就是抓住一个点，让自己成为主角和主流，集中突破爆发。

以冰泉为例，2019 年抓住了口腔产品在抖音和快手等新媒体推广的机会，通过新媒体推广矩阵，快速突破，一炮而红，成为新媒体热销榜第一名，实现了销量暴涨，快速成为中国口腔新锐品牌的领导者。这就是品牌的一次爆红。

快速爆红是品牌的势能突破点，需要对市场有充分的分析和洞察，通过把握各种机会，结合天时、地利、人和，蓄势而发，集中引爆。快速爆红既要把握时机，又要敢于投入，二者相结合，就能形成品牌和销售的爆发力。品牌需要找到那个可以让自己爆发的时刻。

当然，笔者反对那些不择手段的爆红，比如过于功利，违反道德，违反人性，违反品牌经营价值观的。品牌之所以是品牌，是因为有自己的价值和责任，有自己的灵魂和性格。

所谓长红，就是最终回归消费者和渠道，保证消费者的持续复购力和渠道的循环经营力。

这是一个快时尚的时代，品牌爆发力的红利期越来越短。也就是说，有的爆红来得快，去得也快，消费者很容易接受新事物，也很容易忘记新事物。一个品牌要想实现持续的爆发，基本很难。因此，品牌经营者需要有出奇守正的管理思维，也就是说，当品牌爆红以后，除了顺势扩大战果，多方面承接和收割以外，还要制定长期发展战略，通过爆红站到一个制高点，再在这个制高点上用强大的营销管理能力来夯实成果、巩固高度。只有让自己站稳，才有机会实现下一次爆红，并站到更高的地方。

由此可见，品牌爆红和长红之间，要有品牌的因和渠道的果，因果相结合，才有品牌的沉淀和成功。打造长红品牌，必须有冲动的基因，有精细化运营的能力，有轰轰烈烈的品牌势能，有通过重点渠道建立根据地的能力。让机会成为冲锋点，让经营成为持续点，如此，爆红就能够长红，长红带动下一次爆红，品牌就拥有了不断前进和成长的未来。

14. 新消费品牌如何从0到N

新消费品牌从崛起到发展壮大，一般都会经历这三步：

从0到1：这个阶段需要找机会、找切入点和突破点，找到品牌的爆破点。

从1到10：这个阶段着重线上线下共建，抓住重点布局，做渠道精耕。

从10到N：这个阶段需要全面进攻，实现人群出圈、产品出圈、渠道出圈、推广出圈。

在从0到1的阶段，要守正出奇，只埋头做产品是无法形成势能的，还必须出奇守正，以点带线，以线带面。营销的势能应该是做乘法，而不是做加减法。而在从10到N的阶段，一定要形成自己精耕细作的能力。精耕细作的能力越强，N值才会越大。

在品牌发展的三部曲中，要让品牌由势能形成动能，由动能形成全能。在这个过程中，品牌怎么走出自己的路？笔者认为必须要有自己的策略基因："站位""夺位""抢位"。

其一，通过传统重点产品和渠道"站位"。品牌如果在主流渠道中没有站稳位置，那么消费者就不大可能认可你。有"站位"，才能有地位。

其二，通过新兴产品和渠道"夺位"。面对新兴渠道，传统产品犹豫不决，发展滞后，所以新兴产品在新兴渠道更有机会，要敢于去新兴渠道"夺位"。要敢于去"夺位"。

其三，抓住机会趋势产品和渠道"抢位"。好不如巧，巧不如早。品牌可以犯错误，但绝不能原地踏步。当你发现机会，要善于"抢位"。很多时候，你抢到了，你就是新的头部品牌。

在品牌从0到N的发展过程中，总会遇到各种各样的“寒流”冲击和各种未知的挑战。要如何应对？笔者认为，品牌创始人和管理者要记住以下五点：

一是坚持产品是王道，好产品才能够成就好品牌。

二是要根据流量结构调整渠道结构，先站稳再站高。

三是要建立量“利”而行思维，不要盲目冲销量，先活着再活好。

四是要强化内容营销，强化品牌认知建设，夯实基础。

五是把握渠道和平台的新玩法，积极创新和尝试。

一个优秀的品牌创始人和管理者，一定是“变态”的：一是有毅力和对品牌的追求；二是在变动中变革，找到匹配品牌经营的状态。在这个过程中，品牌创始人和管理者要有魄力、能力、张力去做事情，要懂得看——看行业、看平台、看趋势、看自己、看对手。

15. 新消费品牌发展的快与慢

经常有同行、朋友和笔者沟通，谈及新消费品牌应该如何把握发展的快与慢，如何确定经营节奏。在笔者看来，这个问题没有固定的答案，也没有一个标准的说法，这涉及管理实践，需要根据不同企业的不同发展阶段、不同需求确定管理模式。也就是说，品牌经营的节奏取决于自身的经营战略和策略，同时经营战略和策略指引品牌经营的方向，也是品牌发展快与慢的指南针。

新消费品牌必须重视近、中、长期的战略制订，也就是所有的经营都要以战略规划为前提。

其中，近期战略是年度战略。品牌经营者通过市场分析和研究，通过战略规划，确定年度经营目标、经营进度、发展速度。当有了思路清晰的年度计划的时候，品牌的经营管理就能够按照既定的方向前进。

中期战略往往为三年，三年战略能够让品牌走在当下，遥望远方，明确未来如何承接和发展，走好每一年、每一步。

长期战略则为五至十年。制定这个战略规划的目的是让自己描绘和勾勒未来事业的轮廓，是对远景的一种期望和憧憬，也是事业成功的进取目标。

战略规划尤其是年度战略的确定，让品牌有了前进的作战图，知道如何向前走，如何走好，这是品牌经营管理的前提。但是，市场瞬息万变，品牌的年度战略需要结合变化尤其是一些重大变化做出调整和优化，也许上一年年底制定战略的时候，品牌在快速前进，但是到了第二年年初，整体市场低迷，经营需要稳固和防守，品牌可能就需要重新优化和修正战略，调整相应的经营思路和节奏。又比如，在前进过程中可能会遇到一些非常好的突破机会，这个时候，就不能按部就班地按照既定战略继续稳步前进，就需要把握机会，快速进攻，抓住势头和红利，获得成功。

同时，战略规划推进要结合自身的人财物能力行动，遇到困难要积极应对，遇到机会要量“利”而行。对战略规划落实过程中的困难和机遇的把握，除了与战略规划相关，还取决于品牌管理者自身的眼光和视野及其对经营的把握能力。

心中有数，脚下有路。新消费品牌经营节奏的快慢，最终取决于战略思路是否清晰，针对市场环境的应变管理能力是否强大，这也是实际品牌运营中的借势、顺势和乘势的体现。

16. 新消费品牌的“成功框架”

有一次，笔者和同行朋友就新消费品牌有没有发展的公式（有没有相对有实效的成功框架）进行了讨论。笔者觉得既有，又没有。

比如冰泉作为新消费品牌中口腔品类的创领者，其实一直有自己的“五品”逻辑，这个“五品”管理是成功打造品牌的核心基因。

“五品”其实值得很多新锐品牌借鉴，笔者也和团队多次强调，抓住“五品”就是要抓住品名、品类、品质、品位、品创。

品名就是要有一个好的品牌名，因为名字是消费者对品牌的第一印象和认知。一个好的品牌名能够让消费者快速了解品牌，建立好感，形成记忆。因此，开创新品牌的起点就是有一个好的品名。

品类讲的是品牌所代表的新消费品类，也就是品牌在消费者心目中代表什么，建立了怎样的认知。只有形成“你是谁”的鲜明印象，并不断加深这个印象，形成独特的品牌高度，成为该品类的代表者和领导者，才会拥有品牌持续成功的原动力。

品质是消费者复购和真正忠诚于品牌的保障。好的品质包括外在和内在两方面，外在的颜值、内在的产品使用感都是品质的表现。品质不仅要通过技术创新来实现，还要有时尚潮流和色彩的基因，有强大的设计感和美感，顺应和适应消费者喜好。要做目标消费者最认可的品质，而非做其他品牌所理解的品质。

品位是品牌的气质，是品牌的形象和性格。因此，好的品牌设计和视觉设计（VI），好的品牌宣传与推广，都需要品位来支撑。好的品位如同好的品牌价值修养，需要通过品牌基础形象框架和时代特征不断创新升级。当然，品位也要符合品牌定位和规划，符合这个时代不同阶段的年轻人的喜好。

品创则是一个品牌的创意，包括品牌创意、设计创意、推广创意、促销创意、商业模式创意等。一个品牌的创造性和创新性非常重要，只有充满创意才有高起点，进而获得成功和展望未来。

不过，作为“五品”发展理论的践行者，冰泉在日常经营中没有完全按照“五品”公式化前进，更多的是依靠一种与时俱进的创新发展力。

时代在变，消费在变，产品在变，渠道在变，我们要把握“五品”的动态组合，实现“五品”的重组和升级，同时，结合这个时代的特征，结合当前的新热点、新模式、新打法创造新的商业价值。只有灵活地驾驭“五品”，才有新消费品牌“五品”的持续成功。只有将“五品”理论与实践经验相结合，才能让品牌绽放新的光芒！

17. 打造高质量品牌

质量是企业的生命，品质是品牌的保障。因此，品管和品控是品牌管理最重要的工作之一。只有做好品管和品控才能打造一个高质量的品牌。

首先，做好品管，就是要做好全方位、全链路的质量管理。从产品的研发开始，品牌就要有品管的意识，无论是包装设计、工艺、技术配方的质量管理，还是合规备案等，都要符合国家的规定和要求，这是品控的起点。

其次，对于原材料的溯源管理、生产过程中的品质管理，品牌也必须有相应的规范和制度，要做好监督，确保生产的质量合格。

再次，对于物流、运输等供应链环节，品牌也要强化质量管理，提供优质的服务，保障顾客体验。

最后，做好品控，就是要做好质量管理的流程梳理，并保证责任明确。

品牌要建立对应的质量管理全链路流程，从质量管理预防、质量管理控制到质量管理处理，都要有流程、有制度、有合同规定、有奖惩要求。

只有流程清晰，才能实现品牌的有效管理；只有责任明确，才能实现品牌管理的共进，确保质量管理有实效，不出现质量问题。当然，任何管理都不是绝对的，如果出现了质量事故，品牌也必须第一时间做出快速反应和高效处理。

处理质量问题，品牌必须有高杠杆思维，也就是首先要了解问题发生的原因，找到处理问题的关键；其次，要从问题的多个源头去分析整体管理的漏洞，建立防止类似问题发生的机制。

有问题不可怕，可怕的是总是出现同样的问题；处理问题很重要，更重要的是建立更多更有效的问题预防管控机制。

好产品才能成就好品牌，好品牌才能成就好未来。

18. 建立品牌最容易犯的错

做品牌是一个漫长的过程，需要坚定的信念，所以必须耐得住寂寞，经得起诱惑。笔者一直坚信，只要路对，就不怕路远。

品牌经营者会遇到各种各样的发展机会。但是，并不是所有的机会和方法都适合自己，所以要坚持自己做长期主义品牌的初心，不忘品牌价值经营的本质。面对市场的各种变化、机会和诱惑，既要善于抓住机会，也要警惕以下六个误区：

第一个误区，品牌价值逻辑不清晰。

有的品牌，有各种各样的产品和品类，如同一个杂货铺，不知道想向消费者传递什么价值，也不知道它在消费者心目中代表什么，充其量就是实现了销售额和销量的增长。在笔者看来，这压根就不是品牌，因为这类品牌不知道自己是谁，也不知道要成为谁，更不知道消费者心中的它是谁。这样的品牌，哪怕销量再高，也是不长久的。

第二个误区，习惯于跟风机会主义。

有的品牌，什么产品好、什么产品热，就跟风做什么。殊不知，这种做法，一方面加剧了品牌认知的混淆，另一方面增加供应链和销售端的负担。一个成功的商品需要厚积薄发，精心投入，而广种薄收的产品管理，会带来更多的库存和损失，进而使合作伙伴陷入商品大库存的恐慌中。

第三个误区，急功近利，搞投机忽悠。

在品牌打造过程中，有的人会羡慕那些特别夸张或者特别不真实的内容能带来短期销量爆发，比如漱口水可以洗掉牙结石、牙刷一刷马上就白，牙膏可以治胃病，口喷可以持续 24 小时清香等。这些话术和内容能够很快抓住消费者，实现高客单、高转化，带来很好的销售业绩。但是这种忽悠消费者的做法只会让品牌站在悬崖边上，因为消费者越来越理性和智慧。

第四个误区，品质和技术名不符实。

有的品牌，夸大技术，或者虚构技术，甚至发明一些伪技术，通过不真实的内容来实现营销推广。虽然这种做法从表象上看很有营销冲击力，但是从长远来说，名不副实的推广会遭到监管部门的整治，受到渠道和消费者的唾弃，更谈不上品牌的长久经营。

第五个误区，野蛮发展渠道、价格体系混乱。

有的品牌，只要有人打款，就给货，缺乏渠道管理的系统性和规范性，缺乏专业的渠道运营能力。这样做，看似增加了销量，其实只会伤害老客户，找不到新客户，让品牌的渠道体系崩盘，让自己无法实现更多的渠道落地。因此，做品牌切记，线下营销要成功，第一是经销商，第二是经销商，第三还是经销商。只有具有合理的价格体系和持久的盈利模式，有共赢的未来，才是真正的未来。

第六个误区，盲目拓展多品牌、多品类。

有的新品牌，看见什么好，就想做什么，今天做洗发水，明天做洗衣液，后天又做化妆品。同时，大力发展多品牌战略，搞集团化运营。品牌经营是一个慎重的过程，不能好高骛远，也不能玩蛇吞象的游戏，更不能因为盲目发展而丢掉了原有的精华。打造品牌，必须聚焦核心，抓住重点，形成自己真实的、有竞争力的、有价值意义的长远能力。这样才能奠定品牌基业长青的基石。

对品牌来说，要坚持走正道，少走弯道。唯有“道法术器”（明道、释法、优术、握器），才能够帮助管理者在战略大道中，找到核心的策略，明确阶段性战术，运用各种工具和方法，实现品牌的乘风破浪！

19. 打造让消费者持续购买的终身价值

一个新消费品牌，一旦抓住机会就会享受到爆红的胜利果实。但爆红之后，更重要的是怎么通过传递品牌价值，留住消费者，和消费者建立稳定、可持续的关系，从而卖出更多的产品，获得更广泛的忠诚顾客群体，形成销售的循环。

做品牌的人经常说，要以消费者为导向。但说到和做到是两回事。以消费者为导向，那么所有的品牌行为都要围绕消费价值而展开，只有深刻了解消费者，才能够拥抱消费者，获得消费者的持续信任和持续价值变现，从而实现企业的基业长青。

如何打造让消费者持续购买的终身价值？笔者觉得是做好“认识—认知—认购—认可—认定”的“五认”，也就是精耕消费者价值。一个消费者从认购一个品牌，到认定这个品牌的时间越短，其带来的品牌利润就越大，终身价值也就越大。而消费者在认购一个品牌之前，认识和认知必不可少。

认识就是让消费者更好地看到品牌、知道品牌。以冰泉为例，建立品牌认识，就是围绕目标消费者的动向建立消费者对于品牌的第一次感知，线上的广告、线下的推广，都必须简单、直接、明了，用最短的时间和最有冲击力的视觉感受，让消费者一眼认识你，知道你是谁，从而建立消费者的第一印象。

认知就是让消费者对品牌有更加深刻的理解，知道品牌的价值差异化，知道卖点如何匹配消费利益点。认知往往需要通过更加深入的消费沟通来实现，最重要的是通过品牌的内容营销打动消费者。当然，对于有线下渠道的品牌来说，终端促销员的作用也是非常重要的。认知必须符合品牌的价值利益，符合品牌品位。

认购是品牌消费转化的重要一步。在消费利益触达的时候，消费者和品牌就能够产生共鸣。这个时候，品牌必须强调产品销售的特惠机会。通过各种主题营销活动和促销手段，促使消费者购买。认购是品牌价值落地的重要体现。

认可需要通过产品的良好体验来实现，并不是单纯的产品好用就行了，品牌必须通过深度经营产品的全链路体验（从消费的视觉感受到收货体验，产品品质满意等）来获得消费者的认可。认可是实现消费复购最为关键的一步。

认定则是品牌终身价值的循环，也就是让消费者持续地复购。这个复购不仅需要品牌做好私域运营管理，还要通过品牌升级、产品升级等来实现，让消费者习惯用，始终坚持用。品牌有忠实顾客，就是最好的品牌认定。

消费价值不是单方面的。品牌必须培养自己全方位的消费价值管理能力，坚持消费者价值经营和精耕，才能够挖掘更大的终身价值，实现品牌的持续成功！

20. 对品牌经营进行有效的管理

冰泉作为中国口腔行业新消费品牌的代表者，有着自己的经营特点和管理模式。在冰泉品牌经营管理的实践中，笔者总结了一套“453”理论。

“453”即是 4 个看、5 个点、3 个方。

4 个看，是指看行业，看对手，看自己，看趋势。

所有的管理起点是先看路，路在何方是品牌战略方向的基本分析要求。看行业，知道自己在行业的市场地位，知道整体经济形势和走向，知道外部经营环境如何，知道大政方针的取向在哪里。看对手，知道同行的优势和先进之处，知道自己的差距和问题，知道别人有哪些创新和突破。看自己，知道自己当前的整体经营现状，知道自己真实的经营能力。看趋势，知道行业有哪些发展亮点，有哪些大势，哪些是需要把握的经营路径。

5 个点，指的是在品牌经营分析中要明白的问题点、基础点、重要点、机会点、突破点。

只有知道问题点在哪里，才能够精准解决问题，扫除前进路上的障碍。问题越少，前进得就越快、越好。基础点是品牌经营的基本盘，品牌必须牢牢夯实自己的基础点，让自己的经营有基础盘托底，保障经营的基本底线。重要点是品牌目标达成的关键环节，是目标管理的核心。只有抓住了重要点，才能够形成自己对整体目标和工作的掌控，实现势能和动能的双重提升。机会点是对增量市场的挖掘，是实现快速成长和成功的加速器。品牌必须看到机会，抓住机会，并让机会成为目标管理的加分项。突破点则是要知道如何在某一个点打开整体新局面，比如渠道节点、产品节点、时间节点等，在某个点上集中落实或者强化，通过突破点来实现企业发展的大踏步。

3 个方，指的是知道方向、方法和方案。

方向是指要明白品牌经营管理的大方向在哪里，不能够走偏，也不能够走错。方法则指针对自己的目标和重点工作的策略方法，知道如何更快、更好地推动目标达成，如何更加高效地快速前进。方案则是指要知道有哪些政策和支持，有哪些管理方案和要求。方案是品牌发展最大的资源支持。

“453”管理模式，让品牌的经营管理既有高度，又有角度，还有维度和态度。

21. 建立和维护品牌资产

笔者一直坚持，新消费品牌要用品牌价值驱动发展，要做好品牌资产的增值和维护工作。

首先，必须牢牢记住品牌的价值定位，这是品牌经营的核心，一切工作必须以品牌价值为导向。比如冰泉有三层价值管理，基础价值是功效，是将美白、护龈、抗敏和让口气清新作为基础功效价值的起点，同时研究更多符合消费需求的功效，作为技术和品质的基础保障；差异化价值是花式口香，围绕年轻新世代对口味和香味的多种需求变化和趋势做出更多让消费者喜爱的个性化产品，是品牌实现更多消费选择和转化的关键；情感价值是品牌价值升华体现，即通过让消费者社交更自信、生活更亲近的内容沟通，来体现品牌的情感价值，建造品牌与消费沟通的黏性。

其次，做好品牌战略规划，制订分阶段的品牌发展目标并规划路径，通过阶段性品牌发展目标，实行相应的品牌推广，实现品牌增值。品牌通过不断的积累和沉淀，不断获得成长。

当然，品牌资产的核心是品牌知名度和美誉度的不断提升，所以品牌要持续开展消费者调研，了解品牌在消费者心目中的地位，不断修正和优化品牌传播方式，实现品牌更多、更好的正能量推动，确保品牌经营走得准、走得好、走得快。这需要通过产品、渠道和推广展开立体的品牌管理经营。

品牌资产的管理同样需要做好相应的舆情监测。一方面，品牌要了解和关注各种消费信息动态，发现问题，甚至了解各种品牌危机和风险，做好品牌舆情管控；另一方面，必须开展品牌的主动公关活动，通过事件营销和情感营销等多种方式，让品牌管理有血、有肉、有灵魂，让品牌更加精彩和灵动。

品牌管理的增值和维护需要品牌管理中心推动。品牌管理必须做到有方向、有目标、有进度、有改进、有方法、有计划，品牌管理中心是品牌管理的主导者，而各级营销团队和职能管理团队则是品牌管理的协同者。只有上下一心，同心同德，品牌才能成功。

品牌资产的管理和维护是一个系统的工程，也是一个不断发展和精进的立体工程，它的依据是消费者调研和评估，它的原则是品牌发展战略规划，它的策略是市场精进和应变，它的方案则是品牌管理的阶段性工作重点。全面的品牌管理不仅是品牌高速前进的保障，而且是企业成功的基石。

22. 品牌如何持续焕新

品牌管理不是静态的，而是动态且生动的，是充满灵魂和活力的。品牌持续创新升级，是品牌营销管理的关键。在笔者看来，品牌的持续创新升级主要体现在五个方面：

第一个方面是产品的升级。

产品的升级除了老产品的升级换代，还需要把握消费升级中的品类拓展，抓住更多、更好的消费新机会。同时，也可以主动做新品的领头者，主动挖掘和开发新产品，让产品更具新鲜感和创新感，从而加强品牌与消费者的黏性。

第二个方面是内容的升级。

内容升级需要品牌不断提高与消费者沟通内容的生动度，这就要求品牌不仅要围绕品牌自身的人货场不断创新升级，还要学习同品类甚至跨品类的成功模式，将自己的核心价值与当前消费者最喜爱的内容相融合。当然，内容要紧扣时代、紧扣当前的热点，采用消费者喜闻乐见的方式升级。

第三个方面是品牌形象的升级。

终端的形象不是一成不变的。品牌在终端店的展示，或者与消费者的沟通内容，除了要极稳定的基本框架，还要不断推陈出新，通过不同的品牌形象和更有冲击力的时尚形象来建立对同一个消费价值定位的认知。不过要牢记，品牌形象不是让人眼花缭乱的，也不是花里胡哨的，而是符合消费者心理认知的，符合整体品牌中长期规划的。

第四个方面是推广活动的升级。

无论是线上还是线下，品牌都需要通过推广活动来实现更好的销售转化和持续的转化。这就要求品牌推广活动的主题、场景、形式、方法或者沟通方式，都必须年年有创意，季季有新意，让消费者看到品牌的新潮，从而让消费者对品牌不厌倦，对品牌充满信任和期待。

第五个方面是品牌价值的升级。

品牌价值升级，顾名思义，就是必须保证品牌价值给人焕然一新的感觉。这需要品牌站在消费者的角度去研究和推动，不断引领前行。

品牌价值，一方面是定位的强化和升华，另一方面，是从产品利益点出发，用更好的产品技术、更好的消费体验来实现品牌价值的升级，通过更高的品牌溢价来保障消费的精准性和持续性。

23. 放弃"烧钱"做品牌的思维

这是一个鼓励创新和持续创新的时代，做品牌要有胆识和魄力，面对机会要敢于投入，甚至敢于"烧钱"。但是，做品牌更要明白，当面对机会时敢于投入和"烧钱"是为了未来不"烧钱"，而不是持续"烧钱"。

其一，"烧钱"在于集中重点发力冲锋。

该出手时就出手，当机会来临，能创造红利的未来触手可及时，品牌创始人和决策者，不能等待和观望，也不能死守细水长流的思维，而是要迎头而上，敢于冲锋和亮剑。真正的营销创领者需要在机会面前毫不犹豫，敢于"烧钱"。

当然，这肯定和稳步管理相冲突。"烧钱"更多体现在新锐品牌和新锐产品中，"烧钱"是为了"烧"出未来和全新的自己。

因此，要想不"烧钱"，就要在"烧钱"之后进行多渠道布局和收割。

在"烧钱"之后，品牌需要找到不"烧钱"甚至赚钱的发展之道，也就是要在"烧钱"之后，利用那把火培养多渠道能力，培养各种渠道的收割能力。"烧钱"后没有渠道承接热量才是品牌损失。从"烧钱"开始，品牌就要看到不"烧钱"的远方，比如中心"烧钱"，周边取量。

其二，"烧钱"在于形成自己强大的竞争力。

"烧钱"冲锋在于让自己站到行业的高处，形成强有力的消费认知，打造强有力的消费热点，让更多的消费者认识、认购和认可你的产品。当品牌通过"烧钱"站到了行业的高处时，就有了起点的维度。

但是高处不胜寒。所以要想不"烧钱"，就要思考如何去形成自己最好的产品矩阵，比如哪些产品营销是"烧钱"来跑量的，哪些产品是不"烧钱”来盈利的，需要仔细考量。多产品矩阵能够形成多层次经营能力，形成品牌更强的发展力。外行看热闹，内行看门道，这个门道就是指产品的经营结构和经营能力的组合。

其三，“烧钱”在于形成自己经营的势能。

有时候，好酒就怕巷子深。品牌必须全力打造一个爆点，在一个渠道、一个产品上爆发。而通过“烧钱”建立的这种影响力，具备强有力的势能，将极大地推动品牌发展，使品牌具备全新的高度和信任度。但是这个爆点不是长久的，而是阶段性的，还需要关注之后的转化力。

也就是说，不“烧钱”在于出奇守正，将势能更多转化为动能。在品牌势能爆发后，形成更加强大的基础管理能力、专业化管理能力、日常营销管理能力，实现品牌多元化发展。只有将势能转化为动能，品牌才有走向远方的可能。

当然，品牌“烧钱”要算账，要看实力，不“烧钱”要有能力。现代营销，品牌既要激流勇进，也要脚踏实地，二者结合才是品牌蓬勃发展的保障！

24. 如何应对负面危机

此前，笔者和做某品牌的朋友频繁通电话，聊起该品牌遇到的一些负面危机。他有些困惑，也有些烦恼，问笔者有没有一些应对的方法。虽然笔者不是公关专家，但是在处理负面危机方面有不少经验，因此和他分享了六个小心得。

第一，一定要快速反应。

山雨欲来风满楼。面对负面危机，一定要第一时间了解情况，做出反应。在特殊的事件面前，时间就是金钱，一把手必须第一时间体现责任担当，进行应急处理的分工，采取临时性的处理措施。快速反应的目的是止损，而不是拖延时间让事情继续发酵。

第二，要了解负面危机产生的真实原因。

在快速反应的同时，品牌必须深入分析，了解情况，知道事情发生的更深层次原因和来龙去脉。针对事件做出高杠杆研究，得出初步的结论和处理方法，并制订一个阶段性的处理计划。

第三，要和对应的公关公司以及律师沟通。

品牌和外部机构合作，不是一切按照外部合作伙伴的要求办，而是要听取公关公司和律师的建议，体现合法合规性，体现专业高效性。外部合作公司更多的是给品牌提供解决方法和防范措施，真正的危机处理者一定是品牌本身。当品牌有了外部公司的合作支持，就建立了自己的特殊应对壁垒。

第四，要有良好的态度和真诚的表达。

针对特殊事件，品牌绝对不能用一个错误去掩盖另外一个错误，也就是说，品牌的态度要好，表达要真诚。公关不仅仅是为了平息舆情，也是处理舆情的策略体现。当然，这并不是说品牌要不顾一切地解释和辩护，或者毫无保留地倾诉，而是要在一定的时限内展现自己真诚应对和积极处理的态度。

第五，要有整合处理的思路和方案。

特殊事情一般在基础处理以后，会进入一个后续维护和修正的公关阶段。在这个阶段，品牌必须有整合处理的思路，如何防止后续问题发生，如何修补前期影响，如何实行全公司的管理改进，如何建立全新的管理机制等，都要有系统和全面的思维。另外，品牌也要有脑洞大开的转化力。有时候，品牌在把握得当的情况下，甚至可以实现舆情转化，化危为“机”，在适当的时候展现自己的正能量。

第六，要有专门的问题处理团队来负责。

任何事情的处理，都必须有组织、有分工、有责任，无论是外部伙伴，还是内部团队，都要形成一个临时公关团队，有团队负责就有了后续逢山开道、遇水架桥的保障，就有了兵来将挡、水来土掩的防范，就有了阶段性处理特殊事件的短期准备。

负面危机对公司而言不可怕，可怕的是面对事情时手足无措，充满无奈和无助、慌乱和无序。

25. 如何跨越周期

和朋友沟通时谈到，品牌怎样才能跨越周期，活着且活好。笔者在创办冰泉之初，就为品牌定下了初创期、快速成长期、创新发展期、成熟稳定期四个周期规划。

要想跨越周期，笔者认为要把握四个方面：

第一是与“时”俱进。

这是一个多变的时代，也是一个不确定的时代。社会在变，行业在变，渠道在变，品牌和产品在变，消费在变。在这些变化中，有利好的也有利空的。品牌必须紧跟时代，了解这个时代的大政方针，了解这个时代下行业形成的新商业、新模式，行业政策和法规，经营特点和特色。对时代的了解需要品牌站得更高、看得更远、想得更深。只有深入了解这个时代，品牌才能跨越时代的周期，在品牌初创期不走偏、不走乱，在品牌快速成长期不迷路，在品牌创新发展期不折腾，在品牌成熟稳定期不守旧，由此才能形成引领向前的新动能。

第二是与“势”俱进。

时代发展中，往往会冒出很多新趋势，出现一些新的优势领跑者。品牌需要紧跟形势，也就是知道哪些势能是大方向，哪些势能是短期的，哪些势能值得自己去吸收和借鉴，哪些势能需要品牌去培养新的能力和加大投入。

了解势能才能顺应势能，在势能中抢位和占位，达到品牌的新高度。对刚起步的新消费品牌来说，具备势能运用能力是从初创期过渡到快速成长期的重要保证。

第三是与“士”俱进。

当品牌从快速成长期走向创新发展期的时候，往往需要更多、更优秀的人才充实团队。人才是品牌在创新中少走弯路、少花费用的关键。只有人才不断发展，与“士”俱进，才能够给品牌带来发展活力，才能够让品牌拥有更广的视野。因此，有包容心和后备人才，是企业在创新发展期的核心和关键。

第四是与“事”俱进。

说一万遍，不如做一遍。在品牌发展过程中，任何战略战术、创新思路，最终都要落实到实际工作中。因此，品牌要有明确的月度、季度重点工作计划。只有把日常的事情做到位，体现高效性、实效性，才能够保证品牌在每一个周期都拥有稳定的根基，把事情越做越好，越做越精，越做越长远。在每一个周期，与“事”俱进是让品牌产生效益的保障。

时代有周期，品牌有周期。品牌要在这两个周期中找到自己的应对和发展之道，形成自己对周期的驾驭和跨越能力，才能跳出周期，实现新的增长。

产品篇

1. 找到消费者的痛点

品牌营销不仅仅是单一的产品突破，更重要的是品牌价值传递。品牌价值需要通过产品来实现，所以品牌经营者要打磨好自己的产品；产品的爆发最终可归结为品牌的沉淀，二者循环，相辅相成，就能够形成品牌快速发展的闭环！

因此，品牌经营者不能只具备简单的流量运营逻辑，而应具备综合的价值管理思维。笔者以前特别强调产品的痛点、卖点、买点，但有一次和冰泉的投资人谈及产品营销时，他提出产品要有嗨点。确实，痛点、卖点、买点、嗨点是产品内容营销的四个基本点，也是做产品的四个基本依据。只有知道痛点，明确卖点，推动买点，做出嗨点，才有内容营销的冲锋点，才有产品营销的快速发展点，才能与用户深度沟通，增强黏性。

以冰泉为例，它抓住的痛点是消费者的口腔异味。品牌要了解消费者的痛点在哪里，他们为什么有这些痛点，对于痛点有什么感受，以前是如何解决痛点的。所有产品的开发和推广都以消费者的痛点为起点。

冰泉的卖点是口香价值叠加，有美白口香、护龈口香、抗敏口香等产品，通过功效与口香的价值叠加给予消费者更多的差异化价值。卖点需要通过足够的信任来实现，也就是说，卖点不是说的，而是要通过技术、背书、消费沟通等来实现的。

冰泉的买点是促销利益点和情感，也就是通过营销活动带给消费者更多实惠，增强消费的黏性，与此同时，深化“生活更亲近、社交更自信”的情感价值。这样，就建立了消费的双重买点。消费的买点根据渠道、时间和产品的不同而各异。品牌必须认真分析研究，做好买点的渗透。

冰泉的嗨点是通过营销多样化体现产品的生动性、潮流性和乐趣性，通过年轻人喜爱的消费形式，通过更有趣味的营销方法，通过跨界或者联名的营销模式，通过有惊喜感的个性营销，让年轻人嗨起来、玩起来，从而喜爱品牌。

找到消费者的痛点，打造产品的卖点、买点和嗨点，就能牢牢抓住消费者。

2. 好产品成就好品牌

笔者一直有一个经营理念——好产品成就好品牌，产品管理是品牌发展的重中之重。因此，笔者认为，在每个季度，每个半年度，每个年度，品牌都要做好产品规划和产品优化工作，形成更加优秀的产品竞争力。这两项工作是品牌管理中心最核心的工作。

产品规划是指制订分渠道的产品开发计划。

产品规划必须要结合品牌的发展规划，制订对应的新品类和新产品发展计划。这个计划的来源有四个：一是既定的年度品牌战略思路，二是各个渠道大盘的数据和趋势，三是各个渠道销售部门的建议和要求，四是临时发现的新增长机会。根据这四点，品牌就可以制订完整而充分的分渠道产品开发计划了。

对于产品开发计划的立项和确定，一定要做好渠道销售部门的沟通。只有品牌中心和销售中心达成产品营销的充分共识，才能发展新产品。品牌中心在开发产品的同时，必须思考和确定产品销售的渠道布局，以及产品销售的渠道发展计划和目标。

产品开发也要结合品牌现有的库存以及企业的管理能力和实力。只有顺应趋势，满足管理效率要求，符合增长需求的产品开发，才是有意义的、有价值的产品开发。

产品优化是指针对所有老产品进行评估和改进。

每个产品都有生命周期，也会在发展中出现问题。因此，品牌中心的首要任务就是改进并升级老产品。对于处于创新发展期和成熟稳定期的产品，品牌必须让它们拥有更多的营销活力和推广新鲜度。

当然，品牌少不了会有一些效期不好或者慢销滞销的产品。针对这些产品，品牌必须及时做出产品消化方案，结合各个渠道的营销，调整相应的产品组合，从而有效消化库存，避免库存损失。除了常规消化外，品牌甚至可以针对一些高库存产品做出特别的、有冲击力的销售方案，盘活老产品。

但是有一点必须强调，任何库存的处理绝不是乱定价格，也绝不能扰乱正常的市场秩序。一切库存的管理和处理方式，必须以品牌的长期发展为前提。

3. 2022 综艺寒冬下，品牌的综艺营销还值得做吗

综艺营销是日化品牌 2010—2020 年这十年最流行、最有效的营销模式，通过有绝对影响力的综艺节目冠名，通过大量的广告和综艺内容渗透，实现最强的传播效果和品牌营销力的成倍放大。

综艺营销，需要品牌有实力、有魄力、有精准的营销管理能力。一旦找准了、找对了，就找到了品牌成功的密码，可实现又快又好的营销。

但是，随着新媒体的崛起，这种综艺营销模式日渐式微，一种综艺唱衰

论甚至贯穿整个日化行业。无论是知名品牌还是新锐品牌，都对综艺营销表现出不确定性。尤其是新形势下，大家更加注重新媒体营销，注重投入的品效合一，对综艺营销开始产生投入恐惧症。2021年后，我们几乎看不到日化品牌对综艺节目的重视和发力，综艺营销似乎在日化行业陷入了发展的困境。

即便如此，笔者也不认为综艺营销过时了。任何一种营销模式总有它发展、成熟和衰退的阶段，这是周期性的规律。但是我们总能够在逆向中找到综艺营销的突破点。有一句话说得好：大家都不看好的，不一定是你不能够做好的，关键在于你如何去做。

其一，笔者认为，综艺营销在日化行业品牌推广中，依然具备轰动性效应。

综艺节目毕竟是消费者娱乐生活的一部分，已经成为大家日常生活的一个重要部分。同时，综艺节目大部分通过卫视广告来传播，而卫视有着全国性覆盖能力。越出名的卫视有着越强的顺应消费乐趣的综艺经营能力。大卫视、大综艺形成了广泛的人群传播，也能助推品牌影响力最大化。

其二，在品牌高速增长期，综艺营销依然是加速器。

一个全新的品牌，无法通过综艺一举成名。现在的消费者，往往是先有印象，再有印记。因此，综艺营销并不能成为新品牌的成功法宝。作为品牌的加速器，综艺营销只能锦上添花，不再像以前一样雪中送炭。比如冰泉品牌在2020年赞助了江苏卫视的《我们签约吧》，通过这个在直播界有影响力的栏目，品牌影响力大增，一下子就在抖音和快手直播上打响了知名度。这就是典型的综艺营销带给品牌的加速效应。

其三，当综艺营销“内卷”严重时，性价比不高，但是当大家都更专注于新媒体的品效合一营销时，个性化的综艺营销会有很大的品牌推动力。

这是一个简单的营销道理。所有的日化品牌都做时，你的营销不见得能出彩，太“卷”了，太多的综艺混淆了认知。但是当大家都不怎么投入综艺营销的时候，你就能够脱颖而出，带来更大、更好的声量，甚至还会成为一个营销的话题，成为行业讨论和研究的焦点。这样，个性化的综艺营销不仅收获了消费者，还收获了行业和渠道的认可，自然也就形成了极大的品牌推动力。

2021 年，冰泉冠名东方卫视的《国货潮起来》就是一个成功的案例。冰泉冠名这个栏目，不仅让年轻时尚和追求潮流的消费者熟悉冰泉，也成为行业媒介投放成功的现象级案例。冰泉还因此荣获了中国国际广告节大奖。

其四，综艺营销的平台选择很重要，必须有高度，符合目标消费群属性。

好的平台才有高度和覆盖力，好平台匹配的消费者才有好的传播效益。在中国，除了央视，湖南卫视、东方卫视、浙江卫视和江苏卫视也有极大的影响力。当然，北京卫视、安徽卫视、天津卫视和河南卫视也有相当大的传播力。只有选择对了平台，才能够站到更好的制高点，这个制高点就决定了综艺营销的成败。

其五，综艺营销需要关注品牌价值和调性的融合。

对综艺营销来说，不是越便宜越好，也不是越贵越好，关键还要看性价比。性价比取决于综艺节目本身是否和品牌相契合，节目的内容是否适合品牌传播，节目的主持人和嘉宾能否为品牌价值形成二次影响力，节目的形象和调性是否和品牌目标消费者相符。这是一个品牌价值和调性与节目融合的问题，需要我们综合研究和分析。

2016 年，法兰琳卡品牌冠名《中国好声音》的时候，就特别分析了节目年轻化的音乐节目和法兰琳卡有机护肤的融合。也正是这种高度融合，很快推动法兰琳卡成为中国有机护肤第一品牌。

其六，综艺营销对于渠道拓展和渗透依然有着很重要的作用。

渠道商看到广告往往第一时间产生品牌信任，很多渠道商对于有广告，特别是有综艺广告的品牌有着先天的认可度。因此，综艺营销对于销售渠道的伙伴们来说，就是一个火炬，可以照亮品牌的客户拓展大道。无论是对开发经销商，还是对入驻终端大卖场和线上平台，都是很重要的推动力。

滋源品牌在冠名湖南卫视的《金鹰独播剧场》三个月以后，经销商数量就从 100 多个暴增到 300 多个，这就是一个广告照亮招商路的成功典型。这一点在很多品牌那里也得到了极大的应用。

其七，综艺营销必须形成全媒体的营销推广力。

综艺营销其实是一个整体的、系统的、全面的整合营销。因此，综艺营销绝对不能只是一个冠名综艺、投放一个大型的广告，而是要形成优秀的综艺营销全媒体推广力。也就是在综艺营销确定的同时，必须建立不同阶段、不同主题的多媒体联动模式，卫视造势、新媒体内容渗透、自媒体配合联动，形成多维度的营销传播网，才能实现综艺营销的全链路、全过程管理，实现综艺营销效果的最大化。

冰泉在冠名快手平台《看见快生活》时，抢占了快手平台的综艺营销制高点，实现了新媒体的大规模发声，而且这个节目在湖南台同步播出，快手短视频、小红书等多个媒体二次传播，实现了天上、地下的台网联动推广，实现了让冰泉在新媒体传播声量最大化，推动了电视广告的综合效应。

其八，综艺营销要有销售落地能力。

综艺营销也有品效合一的能力，关键是我们要去做。一方面，当品牌投入综艺营销的时候，必须具备基础渠道覆盖能力，能够在综艺广告大量投入的同时，拥有渠道销售的承接转化力；另一方面，在综艺营销推动过程中，不仅要开发客户和渠道，还要主动和现有客户建立多种模式的流程承接，比如电商的资源置换、栏目借势、销售链接构建等，线下销售的栏目 IP 推广、促销主题运用等，都是综艺营销实现销售落地的有效方式。更多、更好、更实用的销售转化，才是使投入产出更加可观的保障。

其九，综艺营销必须有持续性和连贯性。

综艺营销管理，绝不能幻想用一个栏目成就未来。一个综艺营销可以将品牌推到高峰，但是绝不能够保证永远成功。优秀的品牌管理者，会制订综艺营销的年度计划，甚至 2～3 年的规划。这其实是品牌传播战略的一个重要部分。因为，只有持续的、多频次的、多阶段的综艺营销，才能够在提升品牌传播力的同时，实现品牌更大的活力、更高的认知度，才能让品牌在消费者心中始终保持创新价值和消费黏性。品牌综艺营销的活跃度有时候就是品牌生命力绽放的体现。

冰泉在2021年冠名东方卫视《国货潮起来》，一举占据在中国年轻潮流化口腔品牌中的顶尖地位。2022年，冰泉继续冠名这个栏目，继续在东方卫视发出声量，就是要在上一年成功的基础上建立重复成功的认知。同时，也正是连续的综艺栏目冠名，让冰泉和《国货潮起来》画上等号，让冰泉的潮流品牌价值得到进一步的夯实，从而实现了品牌营销又一个新高度。

以上九点，是笔者个人对于综艺营销管理的拙见。我认为一个优秀的品牌管理者，必须要懂综艺营销、驾驭综艺营销，需要把握时机、找到机会，更需要在各种不确定的竞争环境中找到自己确定的综艺营销创新。当综艺营销能够抓住天时、地利、人和，那么品牌快速成长和成功也就指日可待了。

4. 如何做好综艺营销

当前，新消费品牌都非常重视新媒体，重视内容营销，因为品效合一的广告的实效性和可控性更强，也更容易给企业带来成长和发展的稳定性。但是，新媒体和内容营销适用于新消费品牌发展的传播渗透阶段。当品牌发展到一定的高度，在行业拥有一定的市场地位时，当品牌需要出圈，需要进一步扩大认知面和增强销售力时，就需要综艺营销这种更高阶的传播模式，而这往往是品牌在从10到100这个阶段的重要推广力。

以冰泉为例，在实现了快速发展，进入高速成长期的时候，就多次推行综艺营销，比如冠名了江苏卫视的《我们签约吧》，东方卫视的《国货潮起来》。通过冠名社交综艺节目，冰泉进一步夯实了品牌营销力。

品牌要认识到，综艺节目绝不是一次广告投入，而是一个全方位、全链路的营销战役，需要系统思考多个部门、多个时间段、多个引爆节点，全面谋划并高效推动执行。

结合冰泉在综艺栏目营销中的管理经验，笔者认为要做好综艺营销管理，需要从十个方面做好组织运营：

第一，精准地选择综艺节目。

门当才户对，品牌的调性必须和综艺节目相符，品牌的消费人群必须和综艺节目的受众相匹配。同时，要深入分析研究综艺节目的内容是否能够给品牌带来更多的加分，是否能够推动品牌价值提升，是否能够引发更多的品牌传播话题。当然，如果能够形成极好的渠道销售推动力，那就是锦上添花。

第二，明确营销推广的主题。

确定与综艺节目合作以后，需要制订一个完整的整合营销计划。这个计划的核心就是明确营销推广主题，也就是必须提炼栏目主线并将其与品牌价值相融合，找到一个最大的共同点。这个主题可能是一句话，而这句话是品牌在整体营销中的基本内容导向，也是品牌要不断去强化和放大的核心。

第三，做好对应的硬广计划。

优秀的新消费品牌，不会在综艺栏目中将自己的广告硬塞进去，而是会结合综艺节目的特点和个性推出个性化广告片和宣传片，让自己的广告片与节目有更多的相似性，有共同的触动和触发，这样就能够实现最大化的硬广传播效果。

第四，要做好舞美的全面配套。

综艺节目的广告植入不仅具有影响力，而且有渗透力。因此品牌要在整体的综艺节目现场进行全面的布置和展现，让品牌在综艺节目中不知不觉被观众注意到。不经意的视觉展现往往是最自然的传播方式。

第五，要做好综艺内容的渗透。

在综艺节目的互动过程中，如何将自己的品牌文化和内涵融入其中，如何让消费者在不知不觉中进入品牌的预期影响，需要品牌方和栏目组沟通共创。当然，节目内容和品牌内容不能过于牵强。持续不断的内容印象就是最深的传播印记。

第六，和综艺节目展开充分的互动。

综艺节目本身也是一个营销，在播出的过程中需要宣传，需要产生话题，需要借势，需要造势。合作的新消费品牌必须与综艺节目同频共振，跟随节目宣发的节奏、推广的内容去互动，共同推广，让品牌和节目实现价值营销一体化。

第七，全面运用综艺节目 IP 造势。

无论是品牌推广的形象 KV（主视觉设计），还是重点节点的联名款产品打造、适当的 IP 推广结合，品牌都可以将综艺节目的营销效应发挥得淋漓尽致。当品牌与综艺节目画上了更多的等号，甚至打上更多彼此的烙印时，品牌的传播就实现了 1 + 1 = 100。

第八，在新媒体中进行二次联动放大。

综艺节目是品牌传播的主战场，在吹响冲锋号的同时，我们需要在更多的社交新媒体中形成共同的势能，也就是通过栏目，通过话题，通过热点事件，通过相关的内容创新，在新媒体中展开二次宣发及二次推广运用。这样，既可以实现品牌和综艺节目的共赢，也可以实现更多的销售落地。

第九，做好爆点冲锋。

每一个综艺节目都有自己的传播节点，也都会有一个营销的最高峰，这个高峰需要我们预计，也需要我们随时观测和洞察。我们必须在这个最高峰同步冲锋，无论是宣传的投入还是力度、广度、深度，都要聚集于这一个最高峰，达到整合营销的最高潮，收获综艺营销的最大成效。

第十，做好渠道和平台推广。

新时代的营销，渠道和平台已经媒体化，营销几乎都是一个种草、养草和割草的全新链路。针对这个链路，我们也必须将品牌在综艺节目的各项内容中进行渗透和穿插，包括线上线下各种新零售模式等，精心谋划，高效协同，让综艺栏目落地到渠道和平台，实现销售的完美承接。

通过践行十大管理法则，我们就能成就新消费品牌在综艺营销中的十全十美，实现营销投入与产出的最大化。无论是品牌力，还是销售力，都能迈上新台阶，走向新高度。

新消费品牌的营销推广，需要通过单点营销来蓄势，需要通过综艺营销来借势、顺势，从而形成品牌不断高涨的势能，并将势能转化为动能，而持续的动能就是品牌基业长青最大的原动力。

5. 品牌如何选择综艺营销，实现真正的品效合一

有人说，新冠肺炎疫情的三年是品牌发展冰封的三年，大家对品牌的投入更加谨慎。在市场寒冬的不确定性下，综艺营销更是品牌价值推广的难点。要不要做综艺营销，如何选择适合自己的综艺营销，破冰前行，实现更有挑战高度的品效合一，值得深思。

在不确定的情况下，综艺营销的选择必须结合自己品牌发展的现状来决定，而不是人云亦云，或者随意投入。

综艺营销适合高速成长品牌，能够为品牌价值推广锦上添花。因此，品牌选择综艺营销的前提是对自己有清晰和正确的认知，知道自己处于哪个发展阶段。对于初创品牌来说，综艺营销的火不一定点得起来；而对于成熟品牌，综艺营销往往又不能带来更多成长和增量机会。因此，认清自己，认准自己综艺营销的目的和目标是合作的关键。

同时，综艺营销不是单点营销，需要有近、中、长期规划。

我们要放弃综艺营销一举成功并且长期保持热度的幻想。当综艺营销成功时，意味着品牌影响力和营销推动力开始减弱，甚至慢慢消失。不要以为做好一个综艺营销就万事大吉，就坐拥品牌的百年江山，优秀的品牌管理者要知道做好综艺营销的连贯和承接。保持持续的热度才是综艺营销的长久目

标。因此，我们不仅要有年度的综艺营销计划，还要有中长期的综艺营销规划，把控品牌价值营销的节奏。十个手指弹钢琴，只有跳跃的、灵动的、不断变换的节奏，才能奏响品牌胜利的美妙乐章。

当然，我们必须清楚认识到，综艺营销的核心是品牌价值推广，价值融合很关键。

综艺营销不是栏目大就好，也不是栏目便宜就做，而是要能为品牌发展服务。我们选择的综艺栏目必须符合品牌价值、符合品牌调性、符合品牌阶段性提升的要求，同时，必须和品牌目标人群相匹配。只有栏目与品牌融合了，才能够形成品牌营销的合力，起到品宣和品销的双重作用。

俗话说，多大的头戴多大的帽子。品牌做综艺营销，要根据自己想要的、敢要的、能要的营销推广效果，结合自己的投入计划和经营预算去落实推进。在这个多变的时代，综艺营销不能去赌，毕竟，世界上没有100%成功的选项。勇敢选择的同时，还要结合综艺营销的费用进行考量。这个费用不仅是单个的综艺节目费用，还有整合营销的投入。只有具备投入能力，才能真正实现综艺营销的全面推广落地，才能让品牌在综艺营销放大价值的同时，实现品牌的可持续推广和发展。

前面说到综艺营销需要考量整合营销的投入，就是强调我们在做综艺营销的时候必须有整体的整合营销规划。不要误以为综艺营销就是做好综艺节目推广，成功的综艺营销往往是立体的、多媒体的、多维度的推广管理，我们必须以综艺节目本身为核心，做好新媒体造势，做好内容营销的放大升级，做好综合性的媒体运用和借势，这些需要主题，需要节奏，需要相互影响和推动，更需要系统的综艺营销策划和创新。

综艺的整合营销需要有强大的媒体合作执行力和落地能力，这个能力，往往需要品牌有成熟的管理团队，如果没有，则需要外部优秀的合作伙伴来支持，因为，综艺营销的整合体系需要统一的思路，关键节奏的把握，有投入的有效控制，具体的细节完善，它是一个全过程、全链路的复杂管理过程，更需要我们强势驾驭和推动，只有可行可控，合理兼顾，才能够使综艺营销有声有色，取得推广分阶段的成功，从而保障综艺营销整体的胜利。

由于综艺营销需要大体量的费用投入，所以品牌管理者在投入前要具备强大的渠道承接力。也就说，在投入综艺营销的同时，品牌必须具备极大的渠道覆盖力，这样才能实现品牌的快速见利见效。举个例子，当开始人工降雨的时候，我们一定要有更多的容器来接水，这个水就好比销量，是我们投入后马上就能够收到的实际成果。品牌的渠道越完善，承接力就越强，综艺营销的效果和效益也就越好。

还有一点也极其重要，那就是综艺营销必须有可衡量和可评估的目标，实现品宣和品销二合一。优秀的综艺营销，绝不是做了一场热闹的广告，而是要有实效的成果。只有成果保障才有经营价值。

市场寒冬下，我们绝不能随意做综艺营销，也不是碰巧做综艺营销，而是要在品牌整体管理战略中，找到自己的策略和思路，建立自己的管理体系。凡事预则立，不预则废，方向明确，方法清楚，管理得当，措施得力，综艺营销才能够不断成功，品牌也就能在综艺营销的推动下实现基业长青。

6. 如何打造 IP 营销

新消费品牌越来越重视 IP 营销了，这已经成为一种营销新风向，成为线上消费品牌的主要推广策略。这不仅十分流行，也是一种趋势，是新消费品牌营销创新的必然。

IP 营销成为一种新势力，核心原因还在于它本身就具备极大的推广价值和意义。

消费者喜欢的，就是市场追求的。现在，年轻的消费者越来越重视新奇特，对 IP 营销越来越认可和热捧。IP 营销不仅是一种品牌的价值叠加，更多的是消费者对于品牌情感价值的加分；IP 营销有时候不仅能推动某一个节点大促的成功，而且对于爆品打造甚至品牌爆红都有绝佳的作用。

同时，IP 营销能够提升品牌的价值和活力。通过 IP 的结合，消费者容易对品牌产生兴趣，增加信任感，感受到更多的品牌价值。同时，通过 IP 营销，消费者能更形象地感受到品牌的活力和魅力。在消费者心中，IP 更是一种情感价值的加分。

当然，IP 营销注重实际运用，其实就是产品和渠道的整合营销。通过 IP 营销，品牌要规划好产品联合、内容营销、推广节奏、渠道落地、促销活动等。只有多方面的整合，才能够更好彰显品牌的产品特点和个性，才能让 IP 营销故事更有话题和趣味性，才能够在推广中放大品牌的营销价值，才能够通过多渠道承接和促销活动实现最终的营销成果。只有成果落地，才能保障IP 营销全链路的成功。

当然，IP 营销的整体推动过程并不是一帆风顺的，也不是说有了 IP 就一劳永逸，一定成功。品牌做 IP 营销必须注重两大细节管理：

第一就是要赋予 IP 营销丰富的内容。

有创意的、生动的、有品牌文化的、有品牌价值故事的、消费者喜欢的、充满趣味的内容，才是 IP 内容的价值所在。因此，IP 营销内容的创意至关重要。只有将 IP 营销的内容通过不同的途径传播，做出不同的推广方案，才能将 IP 真正放大，才会使 IP 成为助力品牌和产品腾飞的翅膀。

第二就是要让 IP 营销在重点节点实现最大的营销爆破。

好钢要用在刀刃上，品牌必须制订全过程的 IP 营销计划，这个计划必须确保在某个阶段的最重要节点实现营销爆破，也就是在最重要的节点实现最大化的销售承接和转化。如何做好前期的铺垫和沉淀工作，如何在高峰时冲锋，如何在后续实现长尾收割，这都是节奏把握要注意的细节。只有把握好节奏，才能够获得最大化的 IP 营销效果和效益。

要成功，需用心；要用心，必专心。成功的 IP 营销会给消费者留下深刻的印象，也会给品牌留下价值的印记，更会给市场留下让人回味的经典案例！

7. 用好技术打造产品竞争力

对品牌来说，赢在产品的起点非常重要。好技术才能成就好产品，好产品才能成就好品牌。好技术是品牌营销成功的保障。

如何打磨好产品，获得更强大的产品竞争力？笔者认为可以抓住以下四个关键点：

第一，明确好产品的研发机理。

根据品牌的定位和目标消费群体的需求，确定产品的研发机理和差异化价值实现路径。以冰泉为例，口腔问题的解决是品牌技术研发工作的起点，所以品牌要了解当前消费者的口腔问题，通过技术研究了解口腔问题产生的原因，进而找到技术突破的机理，围绕机理做好配方研究。

除了针对功效技术研发机理的钻研，冰泉还围绕自己的口香价值差异化，研发出消费者更加喜爱的口腔产品，强化消费者的使用感受和体验。

第二，做好与上游优秀供应商的联合研发管理。

通过与上游优秀供应商紧密合作，走在产品创新突破的前沿，从源头占据制高点，赢在产品起点。

第三，做好产品基础配方的管理和升级。

配方只有不断优化升级，才能给消费者提供更优质的产品体验，更好地打动消费者。

第四，做好相应的产品评价和价值认证。

产品好用，才能让消费者有持续购买的理由。产品真实的评价和价值认证，是产品最好的信任背书，也可以成为品牌的“金字招牌”，进而让品牌从一众对手中脱颖而出。

8. 重塑美学，抓住审美红利

新消费品牌的经营最主要的体现在于“新”字，从好看、好玩、好用的品牌管理角度来讲，新消费品牌注重年轻新世代对于品牌和产品的新审美，这也是抓住新时代的审美红利的体现。

新消费品牌重塑审美，需要重视立体的美学，这需要多层次的经营和推广推动。

美的假象是包装。

新消费的审美需要外在包装带来的直观感受，但绝不仅仅局限于外在包装设计。包装只是审美的第一步，如果品牌仅仅停留在包装设计之美的假象上，而忘记了产品品质本身，忘记了产品给消费者带来的实际利益，做出的产品“金玉其外，败絮其中”，就会适得其反，走入包装美的误区。我们必须牢牢记住，包装设计之美只是品牌美学的第一步，而不是全部。

美的表象是颜值。

所谓颜值，顾名思义就是颜色和价值的统一，就是将好看的皮囊与价值的宣导合二为一。无论是画面的风格，还是文案的设计、产品本身价值的表达，都要符合新世代的审美，获得新世代的喜爱。颜值不仅要亮眼，还要给人足够的想象和品味空间。它是审美的表象，却是让年轻新世代爱上品牌的第一步。

美的感受在终端。

消费者触达品牌产品要么在线下终端，要么在平台页面，它们是消费者接触品牌最直接的途径。因此，品牌要想方设法在终端营造美的场景氛围，包括如何展示拥有时尚色彩美学的陈列与形象，如何让平台页面更加灵动和个性等。这些都是品牌美学最直观的表现。

美的实像是体验。

当消费者接受产品、购买产品后，他们对于产品本身的使用体验和服务体验就是品牌美学的实像。也就是说，消费者使用产品后能感觉到美好，感受到产品的功效，同时产品的服务如物流配送、客服沟通、售后反馈等都超出预期，让消费者觉得满意，那么新消费品牌就收获了真正的品牌美学红利。

美的真相是价值。

品牌宣传的是差异化，是品牌的价值，而这个价值就是消费者看到、想到、买到、用到、感受到、体会到的价值合一，无论是功效比、性价比，还是自我感觉的消费收获，都是一种价值的体现。当品牌得到消费者的认可和赞扬时，品牌才最终实现了新消费审美的目标，才有了新消费认定的品牌之美。

新消费品牌的审美，不是单一的，也不是虚假的，而是整体的、系统的，需要得到消费者全链路认可的。在新消费品牌的审美管理中，唯有认真规划，不断精进，才能持续收获美好的未来。

9. 设计力就是产品力

好品牌、好产品才有好未来，而好产品的颜值表现和价值表现本身就是产品力的体现，可以帮助品牌赢在起点。品牌如何更好地体现自己的设计力？笔者认为，要做到“五有”：

一是有思想。

有设计思想就是要对品牌的规划、品牌的定位有清晰的了解。只有这样，设计才能有方向。设计思想是设计策划的起点，设计必须围绕品牌思想和设计思想展开。

二是有灵魂。

所谓灵魂就是要知道设计的核心是什么，是品名、卖点，还是功效，或者其他。总之，设计必须有表达的核心，让人一看就明白品牌是什么，品牌有什么。能让消费者一眼看懂的设计，才是有灵魂的设计。

三是有记忆点。

设计一定要有特别的记忆点，也就是包装所传递出来的让人记忆最深刻的点。这个深刻记忆一定有它的独特性，有它的强烈表达，有它的强关联性。这个记忆点能够给品牌带来很好的传播亮点，也是品牌的最好认知。

四是有颜值。

颜值就是经济，这是一个颜值至上的时代，颜值除了年轻时尚、潮流魅惑以外，更重要的是符合消费者对于产品品类的认知常识，符合目标消费者的喜好，还要有品牌价值的彰显。颜值也是让品牌从众多的竞争者中脱颖而出的最好表达。

五是有可控。

再好的设计也需要落地，也就是品牌在设计时，要考虑未来的包材供应管理，考虑生产工艺、生产效率、生产成本等。只有符合实际的包装才是好包装，也只有能落地的包装设计才是真实、有意义的包装设计。

在进行具体的产品设计时，还需要注意以下四点：

第一，要突出调性和品位，也就是产品设计的风格必须符合品牌调性。

第二，要突出 LOGO。作为创新品牌，或者说一个新兴的发展型品牌，要在设计上突出品牌的 LOGO，让消费者一看到包装就能够知道这就是你的品牌。清晰的 LOGO 表现的就是品牌的张力。

第三，卖点要鲜明。包装设计，要让人能够很快知道品牌是卖什么的，从而触动消费者的需求，激发他们的购买欲望。

第四，具体产品名要显眼和有区隔，这样可以让消费者的决策更加容易，更加贴近消费需求。

品牌设计师是品牌的艺术驾驭者，通过品牌的灵魂打造来展现品牌的魅力，来获得消费者的认识、认知和认购。

10. 产品开发切忌“自嗨”

笔者曾听到很多人吐槽，有些品牌老板喜欢吹嘘自己的产品有多好，说得头头是道，天花乱坠，但一问，你自己在用吗？你家人在用吗？你公司同事在用吗？回购率如何？他们就开始底气不足，无言以对了。

对一个品牌来说，产品是品牌的底气，对新消费品牌来说，更是如此。因此，在产品开发中，开发团队切忌闭门造车，沉浸在“自嗨”中跳不出来。比如过度依赖大数据或者网上的各种报告，而不是自己走到消费者身边，和消费者沟通。开发产品，要考虑消费者的认知和喜好，无论是包装颜值，还是产品实体，甚至是产品概念卖点，都要符合目标消费者的心智需求、消费趋势、消费品位。只有真正走近消费者，深入挖掘消费者的需求和痛点，才能开发出消费者想要的、喜欢的产品。

产品开发必须基于以下六个思路展开：

第一个思路是品牌发展的战略。

产品一定要体现品牌价值，所有产品开发的方向一定是符合品牌规划的。也就是说，产品开发往往是品牌年度战略的一部分，涉及产品品类延伸、产品升级和产品发展等多层次内容。当然，在年度工作推进的过程中，品牌往往会有很多新的产品创意和思路迸发。这些同样也是以品牌发展为原则和依据的。

第二个思路是产品的定位。

品牌价值定位定天下，消费者是用品类来思考，用品牌来表达的，而品类最终都是通过消费产品来实现的。比如晚上想吃汉堡，会先想到麦当劳，就去点了麦当劳的鸡腿堡。因此，所有的产品开发都要想清楚开发方向是否符合品牌定位，产品开发思路和重点是否能够体现品牌定位，是否能够形成更多、更好的品牌积累和沉淀。

第三个思路是产品的定价。

产品定价往往根据产品矩阵结构来设定。当然，定价也实现了承上启下，不同的定价决定了不同的研发成本规划，决定了不同的渠道发展规划，品牌必须根据品牌定位和定价来确定研发成本细节。

第四个思路是产品的技术能力。

在制订产品开发计划时，品牌需要考虑产品对应的卖点和概念是否能够通过技术能力来支撑，也就是说的和实际做的是否能够实现一致。这就需要技术团队进行深入探讨，有技术保障才有消费价值实效。

第五个思路是产品的竞争对手。

品牌必须研究对应的产品有哪些竞品，研究竞品多维的整体情况，通过竞品找到产品开发的多个差异化角度，来体现产品价值能力。知己知彼，方能百战百胜。

第六个思路是产品的渠道计划。

在进行产品规划时，必须与渠道沟通，未来这个产品在哪些细分渠道销售，这些细分渠道的竞争对手有哪些，如何推广销售。从产品渠道计划，又可以整体反推一下产品开发的整体思路。二者结合才能实现真正有效的产品开发。

要真正体现产品开发的效率，还需要注意以下两点：

一是产品开发不能没有目标和责任，不能没有适应市场的策略和改进能力。新产品的驱动者是产品开发部门，其需要根据市场发展的趋势、渠道销售的要求、品牌发展的规划制订相应的产品开发计划。这个产品开发计划需要全方位的配称，也就是在产品开发之初，就要有清晰的产品开发策略，什么样的产品在什么渠道销售，卖给什么样的消费者，怎样定价和采用何种促销方式，选取何种包装风格，有什么卖点和概念，使用怎样的技术支持，有怎样的成本要求等，都是产品开发的细节。针对这些细节最重要的是做到配套和配称。产品开发人员必须全过程驱动，全方位掌控，与各个部门和团队达成充分的共识，形成共同的工作方向和思路，保持共同的工作进度，绝不能自娱自乐，或者在产品推进过程中衔接不当，各自为政。

二是产品开发不是产品上市即可，还要做好产品上市后的管理。这个管理要以目标为起点。所谓目标，包含多个含义，如销售目标、盈利目标和成本目标等。作为产品开发人员，必须想到这些目标能够为品牌做出什么样的贡献，并针对这些目标与相应的渠道销售部门充分沟通，甚至要与采购部门和财务部门交流产品开发的目标。明确目标既要经过沟通，又要经过决策，沟通是征求各级人员意见，决策则是由企业战略决定的。目标明确以后，就必须将目标分配给对应的责任人。其中，销售目标和盈利目标是渠道负责人的，开发成本目标是产品负责人和采购负责人的。有了目标和责任，产品开发的管理就能够做到各司其职。

在产品上市之前，品牌管理中心要驱动新产品上市计划，从入库到拓展、产品上架、人员培训、促销活动，再到大规模推广的每一个环节，都要有专项跟进方案，跟进上市前的整体计划。产品上市后，品牌管理中心还要负责结果跟进和评估，而渠道销售部门则需要根据实际销售情况不断优化既定的产品上市方案，同时向市场部门反馈各种新产品需要改进和提升的内容，共同提高新产品的持续发展能力。

11. 如何打造卖点，赢得消费者欢心

新消费品牌需要洞察消费需求，而这个需求往往要将消费痛点和产品卖点结合起来，形成消费买点，从而赢得消费者欢心。

知道消费痛点，就能够深化产品卖点。这就需要品牌具备五大卖点打造能力：

第一，调研分析看数据。

我们必须通过数据驱动了解消费的变化，了解消费的趋势。数据让品牌了解消费新痛点和新需求，从而在众多的渠道结构和产品发展中找到新的消费机会。通过大数据找到大众的、真实的卖点排名，而这个卖点排名也意味着生意的大红海。品牌必须通过卖点的红海确立自己的基础卖点。

比如，前些年的大数据让大家了解到产品成分深受消费者认可，于是，众多化妆品品牌在成分卖点上取得了成功。

第二，主动洞察消费新需求。

品牌也要通过对市场一线的走访、调查、访谈，了解各种新消费需求，同时分析竞争对手的卖点。通过这些研究与分析，确立自己的差异化卖点，或者是全新卖点，来解决全新的消费问题，确立全新的竞争高度。比如笔者当年和团队做滋源洗头水的时候，就是通过市场一线洞察了无硅油头皮护理这个卖点，从而确立了滋源无硅油第一品牌的地位。

第三，寻找原料新突破。

各个包材供应商和原料商的开创性突破也非常重要。上游的创新往往能够推动品牌的创新。品牌通过对包材和原料创新的综合分析，明确自己的新卖点方向，整合出更加有前瞻性和冲击力的产品卖点。

比如冰泉在做口香糖牙膏的时候，就了解到国际原料商德之馨有一款极速 3.0 的凉感剂是国际顶尖的专利技术，能最大限度提升产品的清爽度、冰爽度。冰泉迅速采用了这个原料配方，快速提升了产品清爽度，打造了冰泉口香糖牙膏这个爆款。

第四，研发打造技术新配方。

新消费品牌的自主研发能力非常重要。品牌必须致力于自主研发或者与科研机构联合研发新技术、新配方，通过消费趋势、产品技术、营销卖点三者结合，推出有知识产权、有竞争独特性的卖点产品，这也是卖点的创新，技术驱动型企业大部分都有这个能力和实力。

第五，了解跨界卖点新发展。

新消费品牌不仅要关注自己，还要睁大眼睛，放眼全行业、多行业，了解各种先进技术和优秀企业，研究跨行业的卖点是否可以嫁接到本行业来。跨界整合让品牌拥有优秀的粘贴能力，有机会复制成功。比如氨基酸在化妆品领域运用得比较成熟后，很多高端洗护产品也顺势推出氨基酸洗发水，主打温和头皮护理，同样取得了极大的回报。

卖点无时无刻不在。卖点可以自创，但是需要符合消费大势；卖点可以学习，但是要体现自己的独特性和差异化。卖点是消费价值的表达，也是价值传播的重要方式。每一个新消费品牌必须展开对卖点的多角度研究，也必须立足于最核心的卖点去打造最有卖相的好产品。

12. 提升产品体验感

我们经常说产品体验感非常重要，因为消费体验决定了产品的复购率，而有复购率的产品才能成就真正的品牌。

那么，究竟有哪些提升产品体验感的方法？笔者和大家分享六个要点：

第一，要关注产品的电商页面和形象。

产品电商页面的设计风格、表现形象是产品的最直接体现。因此，我们必须结合品牌价值定位，结合品牌调性风格，结合美学设计逻辑，结合消费者视角，设计出让消费者一眼就喜欢的电商页面和表现形象。这是消费体验的第一步，也是初始体验的印象。印象往往是决定认知的关键。

第二，要做好客服沟通和交流。

当消费者需要了解产品时，会与客服沟通和交流。这个时候，客服的专业性以及耐心和热情周到的服务就非常关键。一个优秀的客服，往往能够给消费者留下特别真实和亲近的感受，而这个感受就代表着产品成交体验的开始。

第三，要做好产品交付和把控交付时限。

消费者喜欢简单和快捷，不喜欢烦琐。消费者接受了产品后，如何更好地让他们快速完成支付，更加精准、快速地将产品送达，则是消费体验的另一步。只有让消费者满意，才是好的体验。

第四，要做好快递展现和惊喜。

快递既然叫快递，就是需要快。因此，产品的订单管理、揽收管理、快递物流等，都需要品牌进行全面的管理提升。快递的快，以及快递内外包装的整齐洁净，产品的精致感，赠品的惊喜感和关爱感，都能让消费者的体验感得到进一步提升，最终实现满意度的提升。

第五，要有优质的产品使用价值。

最真实、最重要的消费体验最终在于产品的使用价值。消费者购买产品后，用了觉得真的好、真的值，才是最好的评价。当消费需求和产品使用效果高度统一时，就能获得消费者的高度认可。这是产品打造最重要的一环，需要通过产品品质和技术来保障，也需要由消费需求推介的产品来保证。当品牌的使用效果让消费者打出高分的时候，产品体验就达到了一个新高度。

第六，要做好后续关爱和服务。

消费者购买产品很重要，复购产品更加重要。因此，在消费者购买、使用产品后，品牌要进一步跟进消费者，了解他们的使用反馈，通过消费关爱和后续服务做好消费服务的延续，让消费者得到更多的尊重。这就是产品体验的长尾红利，也是产品体验的再升级。

产品体验管理需要品牌有专业的管理技巧和能力，更需要建立产品品质实效。产品和服务的融合，是最佳体验的保障。

13. 打造产品惊喜感

好产品成就好品牌。新消费品牌脱颖而出，无一不是在产品的某一方面，给消费者带来了惊喜感。打造有惊喜感，或者能让人尖叫的好产品，笔者认为可以从五个方面重点强化，让品牌迅速脱颖而出：

第一，外在颜值要跳。

品牌要懂产品的色彩美学，从传统的产品中跳出来，让人眼前一亮，在众多的产品中让人一眼能看到，一看就喜欢。当然，产品要跳并不是哗众取宠，也不是为了做出产品的独特性而剑走偏锋，而是要坚持两个前提：一是基于品牌价值定位，符合品牌调性的色彩需求，符合品牌和品类的整体属性；二是站在目标消费者的角度，符合新消费审美需求，匹配包装认知常识。有时候，品牌设计需要的是创新和突破，而不是对包装的颠覆。

第二，内在品质要好。

消费者对于产品外在包装的认知是直观的，同时很重视产品的内在表达，也就是产品配方除了要有技术支撑以外，还要通过产品的整体外观来体现。因此，产品内在品质也要给人同样的美好感受。好的内在品质能够更直接地获得消费者的信任，最快刺激消费转化。

第三，沟通体验要信。

在产品沟通推广时，要给予消费者更多的信任，也就是要建立名副其实的信任状，无论是产品研发背书，还是技术能力、产品评价，甚至是产品外在的试用以及对比试验等，都是沟通信任的触达。信任状是让消费者接受产品并买单的关键。

第四，使用感受要爱。

消费者购买产品后，真实的使用体验极其重要，无论是拆产品包装的过程，还是产品的使用过程，都需要符合他们的想象及预期，让他们感受到产品不仅颜值高，还好用。只有真正用得好，才会让消费者对产品有惊喜感和热爱。

第五，消费关怀要真。

品牌要建立产品回访机制，也就是要关注老顾客的反馈。只有了解更多老顾客的真实使用感受，才能知道他们喜欢品牌哪一点，需要品牌改进什么，知道如何推动产品不断改进和升级，将产品做得更好，从而让消费者和品牌形成爱的纽带，拥有消费的黏性。

所有的好产品都是消费者评价出来的，金杯银杯不如消费者的口碑。因此，好产品的塑造不仅是一个整体的管理工程，而且是一个不断创新、精进和升级的发展过程。

14. 渠道反向开发产品

不同的渠道有不同的消费人群，不同的消费特点，只有适合渠道需求的产品才能在相应的渠道实现更好的销量。所以，对新消费品牌来说，品牌根据渠道的需求，度渠定做和反向开发的产品，能大大增强消费人群的匹配度，赢得更好的动销效果，也让动销更有持续性。

渠道反向开发产品，可以从这些方面来切入：

第一，根据渠道的需求和反馈，做专项开发。

通过对渠道的洞察，发现趋势，发现新机会，针对趋势和机会做好针对性的专项产品研发，推出针对性的产品抓销售增长点。渠道的反应越快，产品的销售推动力就越大。比如根据天猫的消费大数据，品牌可以反向开发新的品类和产品组合，更好地适应渠道的产品竞争。

第二，渠道反向开发产品，也要有对应的经营思维。

比如通过数据了解渠道的竞品状态，了解渠道的产品销售势能在哪里，通过分析做好产品营销的组合设计，明确哪些是重点爆品，哪些是特价冲量品，哪些是利润品，哪些是竞争冲击品。运用经营思维，让渠道反向开发的产品具有整体的进攻力和持续的销售力。

第三，渠道反向开发产品，还要做好产品内容营销的推广提炼。

只有知道如何更好地向渠道传达产品的核心价值，才能够更快更好地让消费者理解和喜爱产品。关键的内容营销就是销售快速转化的保证。

不过，渠道反向定制，非常考验规模效应和品牌的供应链把控能力，需要品牌综合评估后量力而行。否则容易适得其反，掉入库存和资金占用的陷阱。

15. 与消费者共创产品

得益于各种新媒体的发展，品牌离消费者越来越近，能更高效地洞察消费者的需求变化，及时做出市场反馈。品牌通过和消费者共创产品，实现和消费者的深度联动。消费者从以前的被动接受产品，变为产品的创造者和参与者，消费者对各种产品的抱怨，不再是单向输出，而是有了反馈。这样一来，品牌既能提升消费者的产品满意度，也加深了与消费者的情感链接，更易提升品牌认知，从而有力推动品牌持续增长。

与消费者共创产品，其实就是借助各种新媒体工具的应用，吸引目标消费者参与到品牌的产品研发、制造过程中来。在这个过程中，通过各种互动和产品体验，品牌更了解消费者的需求和痛点，并根据他们的反馈，从源头持续调整优化产品，让产品从诞生起，就能让目标消费者满意，甚至超越预期。同时，品牌还能从与消费者共创中，获得新的产品开发灵感和思路。而目标消费者则能在这种参与中，感受到品牌的特色，加深品牌印象。

与消费者共创产品，从传播角度来说，也是一种有温度、有实效的品牌传播方式。通过共创，让目标消费者更深切感受到品牌的价值，自动自发传播品牌。

在美妆领域，提起将“与消费者共创产品”这一理念经营得很好的企业，绕不开花西子这个品牌。据了解，在其品牌官方公众号和微博上，都有产品体验官的招募宣传，花西子还为此专门成立了产品体验官运营部。而在创立产品体验官运营部之前的2016年，花西子就开始了“用户共创”项目，有了自己的体验官。后来不断发展，创建了单独的体验官小程序。2016年到2021年，花西子的体验官从最初的30名，增长到了20万名以上。花西子和体验官们，一起经历了60多种产品的测评上新（包括不同版本）。

笔者创办的冰泉，也在与消费者共创产品。比如在品牌上市之前，冰泉就招募了数百人的“刷牙队”，听取“刷牙队”对冰泉产品的各种使用反馈，并根据他们的反馈，不断调整和优化产品的配方、料体、包装设计等。在品牌上市后，冰泉也通过私域运营、招募铁粉等方式，及时获得产品反馈和建议，不断优化产品，以获得更多产品创新的灵感。

与消费者共创产品，其实需要品牌花费大量的人力和时间，极其考验品牌的专业度和耐心，但也可以很好地将产品打磨与产品迭代和创新结合起来。坚持下去，能为品牌积累很多先发优势。

不过，与消费者共创产品，切忌急功近利，流于形式，切忌对消费者的反馈的理解和挖掘停留在表面。否则，很容易出现反效果。

16. 产品迭代法则

笔者一直认为，产品是品牌的核心，只有好产品才能成就好品牌。打造好产品包括新产品的开发和老产品的迭代，其中新产品的开发在于满足发展需求和紧跟行业趋势，老产品的迭代在于用自己的优势去打造强势地位。

在笔者看来，产品的迭代，应该遵循这些法则：

产品技术迭代是首要的。

一个优秀的产品管理者，必须紧密关注国际原料和配方的科技发展趋势，了解各种技术的应用和创新。只有站在技术迭代的角度考虑消费引领，才能够让产品富有生命力。比如对冰泉来说，就是要站在口腔技术领域看自己，站在日化技术领域看口腔，站在整体角度看产品迭代。当我们知道如何从技术上升级老产品、推出新产品的时候，产品迭代就有了坚实的基础，就形成了强大的技术生产力。

其次要有包装升级的迭代。

这是一个年轻化的时尚消费时代，好看、好用、好玩是新消费主流。因此，品牌要进行更多的包装升级的迭代。比如对年轻时尚的冰泉来说，包装升级要把握四个方面：一是保持自己的年轻时尚和色彩的调性，二是继续突出卖点和价值定位，三是必须增强与消费者之间更有效的信任，四是满足消费者使用方便的需求和保障工艺生产的实效。包装升级迭代既能体现品牌洞察的眼光，也是营销制胜的眼球经济的要求，更是颜值经济的要求。

再次要有渠道推广的迭代。

产品迭代不仅是将产品开发出来，还需要有双向思维，也就是在根据品牌的需要开发产品的同时，还要根据渠道的变化和需求开发产品，二者相辅相成，而且要同时形成产品迭代的渠道发展之道。产品迭代和渠道迭代相结合，才能实现产品迭代的有效落地。

最后要有经营盈利能力的迭代。

产品迭代关乎着品牌的发展，必须要有强烈的消费者导向意识，同时，要明确产品迭代的经营目的，也就是产品迭代必须为产品经营矩阵服务，哪些产品是明星产品，哪些产品是“金牛”产品，哪些产品是“瘦狗”产品，哪些产品是对竞争无利的，都要清清楚楚。产品迭代必须有明确的经营发展目的，这样才能够真正实现为品牌服务，为企业发展服务。

产品迭代不是一次简单的产品升级或者产品开发，而需要品牌经营者有整体的、立体的经营思维，产品迭代也是品牌在新消费时代的创新能力体现。

17. 产品管理的流程

产品好才能够实现品牌好，品牌好未来才好，这就需要品牌明确产品管理流程。在笔者看来，产品管理要做好以下这16个流程：

（1）产品立项。根据品牌规划、市场调研和总结分析，申请产品立项。

（2）产品设计。根据品牌调性和品牌定位、产品卖点，启动产品设计。

（3）产品配方。根据产品卖点和特点要求，根据竞争需求，根据技术优势，制定产品配方。

（4）产品包材。根据设计风格，根据生产工艺要求，根据成本，确定相应的产品包材。

（5）产品文案。根据产品规范、法规要求，写出有特点又合规的产品文案。

（6）产品计划。根据销售预测和生产要求做出生产的首批订单计划。

（7）渠道策略。研究确定产品未来销售的渠道策略，并研究制定对应的定价和销售策略。

（8）产品形象。根据产品的渠道需求，制定产品的形象方案和道具物料设计，做好产品的形象拍摄。

（9）产品生产。安排对应的工厂展开产品生产入库。

（10）推广方案。做出相应的线上、线下的推广传播方案。

（11）促销策略。做出相应的渠道促销和终端促销方案。

（12）培训方案。做出产品和促销培训方案，并落实培训。

（13）上市发布。召开上市发布会或者简单的上市通报会，落实上市各项工作要求和进度。

（14）三月评估。产品上市三个月后，要针对销售情况进行评估总结，做出销售复盘。

（15）销售改进。根据销售复盘的结果针对产品进行改进和优化，落实方案。

（16）季度关注。针对所有新产品必须进行一年内的季度跟踪和关注数据分析，做好市场信息反馈和产品改进。

这16个流程，有的是产品经理负责的，有的是品牌总监负责的，他们是产品的驱动者，而销售总监、研发总监和供应链总监等，都是协同配合者，都需要在产品驱动体系下各司其职，这就是产品管理的逻辑。

18. 如何延伸品类

笔者创办的冰泉，作为新消费品牌的领军者，不仅在牙膏和牙刷领域不断精进，而且在新品类的延伸和新产品的开发上不断突破，实现了销量的增长和品牌的成长。品类延伸也是一个品牌经营创新的原动力。

当然，品类延伸要讲究科学和规范，绝不是眉毛胡子一把抓，更不是开飞机播种般遍地开花，而是要有严谨和实际的管理方法，要有专业的管理态度。

品类延伸必须注重六大管理细节：

第一，品类延伸要符合品牌价值定位。

所有产品都必须与品牌价值定位相称，也就是说，所有的新品类拓展和新产品开发不仅仅是为了销量的增长，更重要的是实现品牌价值的沉淀，实现品牌资产的增长，是为品牌力服务的。因此，品类延伸的前提是符合品牌战略，紧扣品牌价值。不符合品牌整体发展的品类和产品，不能也不应该开发。

第二，品类延伸要符合市场趋势形势。

顺势而为的事才更容易做，有市场认知基础的事才能快速做成。因此，品牌要了解品类的延伸是否符合大趋势，是否已经形成了基本的消费发展方向。新消费品牌的借势与顺势，比造势更加有利于品牌的发展和成功。

第三，品类延伸要抓住消费认知关联。

做品类延伸的时候，品牌要针对现有的产品品类进行销售关联。只有与现有品类有关联，才更容易推动产品销售，才能够形成消费联想和消费连带，让品牌的产品组合更丰富，形成整体的产品综合营销力。

第四，品类延伸要有技术研发能力。

做新品类延伸一定要考虑品牌是否拥有技术能力，或者是否拥有技术掌控力。只有具备技术和研发的自信，才有品类成功的保证。只有具备让自己相信的产品品质，才能让品牌走向成功。没有技术研发能力，再好的品类延伸也是不持续的。

第五，品类延伸要有渠道配套能力。

产品需要通过渠道销售来实现，因此，品类延伸是否有既定的渠道可以借用，或者是否具备快速开发渠道的能力至关重要。只有具备渠道配套能力，才能让品类延伸有实际营销意义，也可以最大化降低综合成本，从而提升盈利能力。新品类要能带来销售和利润的双重增量，而不能成为另起炉灶的负担，更不能成为原有营销的累赘。

第六，品类延伸要有供应链支持能力。

品类延伸需要供应链等后勤体系的支持，所以做品类延伸要充分利用现有供应链体系，充分发挥供应链的掌控能力。只有后勤支持体系可控、成本可控，品牌的经营未来才有成效。

品类延伸的核心目的是给品牌加分，给销售和盈利加分，给未来的发展加分。因此，品牌既要有开发的心态去积极创新延伸品类，也要有科学谨慎的态度去做好品类把控。真实有效的经营才是有实现品牌价值的成功保障。

19. 产品定价原则与策略

对于新消费品牌来说，产品定价是一门学问，也是品牌是否具备专业的管理能力的体现。

品牌不能随意定价，也不能跟风定价，更不能想当然地定价。定价之前需要进行系统、规范的研究和分析。在笔者看来，品牌可以根据以下六个原则，来确定可持续发展的价格体系：

第一，品牌定位原则。

品牌定位决定了品牌定价方向。价值是价格的风向标，如果品牌在规划之初，就确立了对应的目标消费群、对应的商业模式，就要从起点建立定价思路。价格和价值匹配是品牌营销配称的基本原则。

第二，研发成本原则。

品牌必须确立一个定价的基准值，这个基准值就是产品的成本。成本和毛利的关系决定了品牌定价的区间，品牌确定定价方向的同时，成本要可控，二者相辅相成。成本决定了定价，定价又约束了成本，这是一个相互结合、融合的管理参照。

第三，商业策略原则。

商业模式决定了利益分配方式，所以，品牌要有明确的商业盈利要求，根据各个渠道的利润分配、市场投入的推广要求，构建定价的顺推框架，同时，根据品牌发展初期和持续期的不同，提出价格体系的折中要求，既不要因为早期的过多投入而虚高定价，也不要因为品牌发展成熟期的低投入而建立不符合实际的盈利模式。

第四，产品组合原则。

不同的产品系列，同系列的不同产品，都会有不同的价格组合设计。这个价格组合设计，一方面考虑成本，另一方面通过不同的产品价格组合策略，捕捉不同价格段的消费人群。高 + 中 + 低的价格组合让消费者有了更丰富的选择，也满足了不同的消费价值需求。

第五，商业竞争原则。

定价也要做竞争分析，要关注各个渠道的对手。品牌必须做出价格分析表，在确定价格体系的时候充分考虑营销竞争策略，知道如何有针对性地调整和优化价格体系，确保价格体系既适合自己，又适应市场，从而拥有更加全面的竞争能力。

第六，渠道合作原则。

品牌的定价和价格体系也要考虑不同渠道的价格接受度。这个接受度一方面要考虑渠道商经营品牌的定位，另一方面要考虑他们的毛利回报需求。在定价之初，品牌除了调研渠道，也可以适当征求渠道商的意见。共同定价就有共同推广成功的信心。

新消费品牌的定价需要反复斟酌，既要有科学分析，也要有胆识和魄力。品牌经营者、营销管理者和财务负责人必须共同研究确定，也必须让价格体系成为自我管理精进的帮手。

20. 如何延长产品的生命周期

任何产品都有上市期、发展期、成功期和衰退期。如何有效延长产品生命周期，是品牌管理者必须关注和重视的问题。

延长产品的生命周期应该分为两个阶段。第一个阶段是让产品在最好的阶段实现最长时间的成功，也就是在发展期和成功期创新做强。在这个阶段，笔者认为延长产品的生命周期需要做到四点：

一是建立实效的产品盈利模式。

在发展期和成功期，一个好的产品盈利模式以及稳定的价格体系，能够给渠道更多的利益保障，提升渠道经营的积极性，形成更好的销售推动力，实现销量增长。这样，产品的销售生命力就更旺盛。

二是创新产品技术，提升消费满意度。

金杯银杯不如顾客的口碑，好产品才有好未来。只有不断在技术上创新，在消费体验上升级，让消费者更加满意，才能提升销售复购率，形成更大的产品传播力和转化力。这样，就自然形成了产品的信任力，产品销售自然更长久。

三是不断引领产品迭代和创新。

产品不仅要好用，还要持续好用，持续好玩，持续有新鲜感。因此，品牌要不断进行产品迭代，通过创新，不断激发消费者的消费兴趣，让消费者百用不厌，持续复购，从而保证产品与消费者之间形成更加稳定的依赖关系，确保产品势能更强。

四是建立多渠道发展能力，形成强有力的产品覆盖面。

看得到，买得到，喜欢用，这是产品品牌力的真谛。而保障产品品牌力的前提就是让品牌的产品处处可见，无处不见。因此，扩大品牌产品的覆盖面在产品发展期和成功期非常重要。覆盖面从另一个角度来说就是消费者销售面，消费人群的扩大自然就是产品生命力的扩大。

第二个延长产品生命周期的阶段，就是在产品的衰退期实现更好的收割。在这个阶段，延长产品的生命周期，需要把握三点：

第一是稳定价格体系，确保渠道经营的积极性。

当产品进入衰退期时，切记不能忙乱，不能为了一点销量而忘记了曾经的主流客户群体，必须坚守价格体系，延续成功期所带来的销售势能。通过对价格体系的管理实现渠道经营的积极性，而渠道经营的积极性往往是产品衰退期最重要的阵地保障。

第二是降低推广投入，更多地给予经营实惠和顾客实惠。

在产品衰退期，过多的投入是徒劳的。这个时候，与其自娱自乐做推广投入，不如给予更多的经营实惠和顾客实惠支持，形成产品阶段性的点刺激，通过点刺激打造产品销售的短暂爆发力热点，从而让产品仍然拥有热度。

第三是跟随大趋势做产品开发，形成长尾收割。

在产品的衰退期，品牌力往往是最大的支撑力。这个时候，如果有一些新产品趋势，也可以审时度势，在现有产品的基础上升级或者开发一些新产品，紧跟形势，跟上变化，从而形成渠道和产品的双重收割。但是，衰退期的产品开发，必须审时度势和谨慎而行。

21. 如何应对产品生命周期不同阶段的挑战

品牌营销的核心在于人货场的重构，而产品是营销管理的重中之重。对品牌来说，必须做好货品盘优化，建立自己各个渠道最好的产品组合矩阵。在这个矩阵中，品牌尤其要重视产品不同生命周期的管理策略并把握好各项经营细节。

新产品处于产品生命周期的起步期时必须有计划、有方法、有方案、有落地。

新产品上市之前，经过了充分的立项调研和渠道需求研究。新产品上市绝不能以推出新产品为终点，必须制订详细的分渠道产品上市计划，包括渠道的分销要求、政策要求和推广方案。同时，新产品上市还要有强烈的竞争发展意识，知道如何突破壁垒和建立自己的竞争壁垒。把产品上市方案给各渠道负责人及具体的业务执行人后，负责产品开发的品牌中心还必须建立新产品上市的销售目标和奖惩机制，同时做好效果跟进，不断优化和完善，确保新产品能够在初创期成为品牌新的营销驱动力。

产品处于发展期时要进一步创新，造势、借势和顺势。

产品在上市初创期如果发展顺利，就会迈入快速发展期。在快速发展期，品牌管理者除了进一步强化管理和夯实基础建设以外，还必须把握各种新机会。一方面，品牌要结合自己的能力去造势，主动营销产品的势能；另一方面，品牌要结合消费热点来借势和顺势，通过势能进一步拉动动能。在所有的营销管理中，大有大势，小有小势，不能忽视，否则就会没势。

产品处于成熟期时必须强化价格管理，扩大渠道覆盖面，强化渠道精耕，挖掘更大潜力。

产品大爆并成为明星产品后，品牌要针对成熟期的产品强化市场秩序，确保厂商共享胜利果实。这个时候，品牌要做好新旧客户的精耕，不断提升销量，加强单点产量的同时，尽快提升渠道覆盖力，实现更广的地域覆盖和更多的渠道覆盖，形成销售面的整体经营发展能力，从而实现产品销量的最大化。

产品处于衰退期时必须做好收割、转化和退市的各项准备。

产品进入衰退期，品牌就没有必要过多地投入。这个阶段，品牌要强化收割，也就是在获取尽可能多的产品收益的同时，要有平常心，要么做好产品的转化升级，要么做好产品库存消化和退市的准备。任何产品处于衰退期都是强弩之末，没必要去强攻和试图改变。在产品的衰退期，品牌经营者拥有良好的心态和策略也非常关键。

一个品牌的产品营销，既要有产品的组合结构矩阵，又要有产品生命周期的管理策略，如此，才能保持最佳的产品营销力。

22. 高效运转的配套供应链的建设

新消费品牌的成功，离不开高效的供应链管理体系。品牌越是处在爆发式增长期，越考验供应链反应能力。供应链管理者一定要有专业能力、管理能力和创新能力，才能让品牌快速成长，持续自我精进，更好地体现效益和服务。

供应链建设是一个精细化管理的过程，品牌实现快速、高效的供应链管理，关键在于分工、效率、成本、服务。

第一，供应链的分工是基础保障。

供应链管理是品牌整个营销支持环节中非常重要的一环，包括计划、调拨、仓储、物流等多个环节，需要与销售部对接、与采购部衔接、与财务部联动，是一个需要有序推进和运营的管理链条。因此，供应链部门必须明确供应链的管理职责和目标，明确每一个板块的工作分工与流程，建立相应的制度规范。只有做好供应链的详细分工，才能确保各个环节的工作快速同步运转，从而奠定营销的基础。

第二，供应链的效率把控是工作能力的体现。

做好供应链的第一要求就是保障效率，也就是如何又快又好，有实效地推进。这个效率既反映在日常工作的推进上，又反映在特殊情况的应对上。同时，供应链还讲究柔性管理，因此供应链管理必须不断调整、不断优化和不断精进，要在变化中做到又快、又准、又好。

第三，供应链的成本把控是管理能力的体现。

供应链的成本把控不仅反映在对单个费用的管理控制上，还包括管理细节的优化，比如产品调拨、快递的合理配置、计划的精准、存销比和周转率的提升等，这些都是成本指标。确立成本管理目标、提升成本管控能力等，考验的是供应链团队的专业性、科学性、注重细节和技巧的管理能力。

第四，供应链的服务是提升品牌满意度的保障。

供应链必须具有强烈的服务意识。所谓服务意识，就是一切以市场发展为导向、以销售团队的需求为导向，快速响应与服务，快速达成管理要求，快速解决市场问题，快速让顾客拥有最好的购物体验。服务是经营的基石，而供应链的服务也是提升品牌满意度的保障。

服务首先体现在要让客户满意。让客户满意首先必须公司内部满意。比如对销售部门来说，供应链的服务在于销售计划的精准和不断货，在于商品发运的及时性和准确性；对于财务部门来说，供应链的服务必须保证货品数量的精准和不积压。

其次是外部合作伙伴满意。供应链要满足供应商、物流商和经销商等多个外部客户的合作要求。因此，对于外部客户服务，供应链管理要实行严要求和高标准，保证与各个供应商精准对接，高效协同。

建立高效的供应链管理，需要做到以下四个方面：

一是外部布局科学。

供应链需要有强大的外部布局支持。因此，在上游，供应商要布局到位；在下游，无论是仓储还是物流、快递，都要组合到位。当然，工厂的衔接也要高效配套。这些外部的布局，就保障了品牌供应链的科学运转。

二是内部流程衔接有效。

供应链是品牌营销的支持和保障，因此，和各级销售部门沟通衔接、做好内部财务交流与对接、通过系统形成共同的高效协同能力等，都是品牌供应链管理需要全面完善的内容。

三是计划管理到位。

供应链管理是以计划作为起点的，如何根据供应链布局和周期做好年度、季度计划，如何确定月度计划，如何修正周计划甚至日计划，如何推动计划的实施落地，如何满足计划保障营销的要求，都是供应链管理的工作核心。

四是快速反应能力强。

任何管理都会出现问题，都会有突发情况，供应链管理快速反应、及时响应也是非常重要的。同时，供应链管理必须做好对应库存优化、对应组合配套的灵活升级，在库存的动态变化中实现不同阶段的静态管理。

只有品牌快速前进，供应链高效保障，品牌才能持续成功。

营销篇

1. 品牌营销的核心

在笔者看来，新品牌营销的核心是始终保持强劲的增长，而要实现这个增长，必须有思路、有策略、有措施。所有的增长，归根结底源自五个方面：

第一个方面是产品的创新和品类的跨越。

品牌要随时了解市场资讯和各个销售平台的数据，了解变化和趋势，了解行业品类的发展和创新。同时，也必须根据品牌自身发展战略和产品策略，优化产品矩阵和重新布局。强化现有产品，强力推动新产品。获得产品的销售增量是最重要的增长引擎。

第二个方面是更加广泛的渠道覆盖。

品牌要根据既定的渠道重点发展思路，加强重点渠道的拓展，扩大渠道的覆盖面和提升新渠道的销售力。渠道销售的拓展也是实效增长的最好保障。当然，渠道发展也要围绕既定规划的优质渠道推进。优质渠道越多，增长越有效。

第三个方面是更加深入的渠道精耕建设。

品牌现有渠道的存量市场也是重要的增长点，所以针对现有渠道，品牌必须有重点、有方法、有方案，与重点客户制定一地一策的渠道推广思路，精耕细作，增加渠道单店和提升单品产量。只有开拓更多的“明星渠道”，才有更扎实的渠道基础，才能够实现持续增长。

第四个方面是抓住一切创新机会冲锋。

这是一个多变的时代，在这个时代，渠道在变，推广模式在变，营销管理方式在变。创新是品牌实现自我超越的最好增长引擎。品牌必须把握各种市场新玩法、新打法，积极尝试各种新的营销创新，在创新中找到突破自我的机会，在创新中引领营销的动态前进。

第五个方面是商业模式的创新突破。

营销最难改变的就是商业模式，而商业模式的变化往往意味着极大的生意机会。品牌需要在市场前进过程中探索各种商业模式的运作方式，通过商业模式创新，找到颠覆性和突破性的机会。不要拒绝各种商业重组的方式，品牌只有具备承前启后的商业驾驭能力，才能在增长中实现成功。

在这个时代，新品牌的未来在于对流量的运营和掌控。能驾驭流量格局变化，就意味着品牌拥有了持续的发展。所以要寻找流量的变化，研究流量的变化，顺应流量的变化，做出管理的应变。

要重视流量的创新。通过研究平台的流量法则，找到流量的创新点，站在发展的前列。

要建立有效的流量结构。不管是自然流量，还是付费流量、策划流量，都必须有合理的结构。流量不是简单的分配，而是有效的驾驭。只有具备合理的结构才能够形成流量的规模效应。当然，合理并不代表平均，我们需要聚焦于最有效的流量结构去形成突破，带动整体的流量。

要创新流量的推广和经营。维持住传统的站内流量，同时找到适合品牌的流量点，做好内容测试和运营；推动最有效的流量点，做好流量高效投放，实现最佳的流量回报。流量投放是艺术和技术的结合，是品牌的最佳策略表达，需要有专业的研究能力和体系。

2. 为什么说品牌营销不是一蹴而就的

做品牌，需快跑。但品牌营销不是一蹴而就的，必须抛弃短视思维，有长期品牌价值驱动的思想准备，树立品牌营销长期主义的经营理念。实现品牌营销需要从以下四点入手：

其一，品牌价值定位需要聚焦和升级。

品牌营销一方面要坚持价值聚焦，也就是围绕品牌规划实现价值配称和精耕，通过聚焦价值定位来精耕消费者心智认知，从而确立品类领导者的品牌地位。另一方面，要结合消费升级和消费需求的变化，做好价值定位的升级，实现价值的与时俱进。这些同样要从产品、渠道和推广等多方面实现配称升级。价值始终是品牌经营的管理焦点。只有不偏离品牌的价值定位，才有发展的持续性，才能通过持续的增长实现品牌营销的稳定性。持续和稳定的经营才是真正的品牌营销。

其二，产品创新必须不断突破和跨越。

产品创新有三个结合：一是结合技术的突破，二是结合消费变化的特点，三是结合渠道发展的要求。通过三个结合，实现品牌产品的持续创新。品牌在一个相对成熟的产品组合结构下，不断实现产品突破，在动态中获得最好的产品力。产品力才是最好的营销力，产品会在不同的生命周期中实现迭代和跨越，从而保障品牌营销的顺利开展。

其三，品牌在渠道主阵地必须做好精细化覆盖，与时俱进。

品牌如果想拥有持续的渠道动销力，那么品牌营销不仅在于品牌的价值化，更在于渠道的生动化。只有度渠定做，同频共振，才能够和渠道融合，在渠道的发展中实现精细化覆盖，与时俱进，从而始终保持销售生命力的旺盛。

其四，品牌的市场推广必须结合时代特点突出特色和个性。

产品是基础，渠道是载体，市场推广活动能够保障品牌营销的活力。因此，我们要树立品牌推广的主动思维，有阶段性地推广主题和创新，同时，结合时代特点、热点，主动做出一些更有品牌特色的整合营销。我们可以结合渠道平台的要求和市场营销活动，也可以结合品牌自身融合自创全新的个性化营销活动。品牌推广可以加强与消费者的联系，也可以增强消费者与品牌的黏性，更能够始终保持品牌在市场中的主导和领先地位。

什么是品牌？有活力、有成长力、有生命力、有复购率的产品就是品牌，而品牌营销的活力始终体现在品牌的新鲜度上。因此，品牌的长期经营理念非常重要。我们一定要意识到，品牌成功绝不是依靠一两次市场营销就可以实现的，而是需要日积月累、持久精耕、灵活创新。品牌营销就是台阶管理，而台阶是无止境的，不断变化的，不断拥有新高度的，需要我们不断攀登。

3. 如何制定营销战略规划

思路决定出路。战略规划就是明确整体思路，找到前进的方向、方法和方案。制定战略规划，要牢记五个原则：

第一个原则是要有战略规划的框架和目标。

制定战略规划一定要有框架的思路，明确战略的逻辑是如何得来的。战略不是简单的文字描述，更多的是可实现、可操作的规划方案，必须要做到自己相信、团队相信和市场相信，这就必须通过分析研究、策略方法、管理支持来保障。所有的战略一定是围绕着目标的，也就是说战略是实现目标的方法和路径。

第二个原则是既要和上级沟通，也要和下级探讨。

制定战略规划首先要清楚品牌的整体思路，也要听取团队的意见。二者结合起来，才是合理兼顾的。

第三个原则是要基于历史现实谈未来。

品牌必须对过去进行复盘，用数据和事实说话。只有基于历史才能够放眼未来。因此战略也是一种管理的承接，是基于过去来规划如何提高、如何创新和如何跨越。品牌既要结合实际，又要敢于突破，但是绝不能假大空和纸上谈兵。

第四个原则是要做数据分析、市场调研和客户访谈。

战略规划要有数据分析，数据才是最靠谱的。同时，要做市场调研，最大化地了解外部和内部的市场变化和变革需求。当然，品牌的营销战略都是通过与客户合作来实现的，因此，听取客户的意见也极其重要。兼听则明，战略规划必须经过上上下下、里里外外全方位思考后制定。

第五个原则是要反复论证可行性和可控性。

战略规划必须结合品牌和团队的能力，也就是战略不是全面出击，而是抓住重点，甚至要做减法，必须知道哪些可为哪些不可为，知道最大的机会和未来在哪里，知道如何实现有效增长和成长。唯有可行可控才能保障战略规划的实效。

具体来看品牌的营销战略，一方面是做好自己，另一方面就是做好竞争应对。

做好自己，就是从想做的、敢做的、能做的、要做的，找到自己该做的。这是品牌的战略方向和策略，但是在实际操作过程中，品牌往往受到外部环境变化的影响、竞争对手的冲击。比如有的竞争对手针对你的产品、渠道、营销发出挑战，甚至冲击；有些低端品牌以无底线低价扰乱市场；有些流量品牌用概念性产品忽悠顾客；还有部分无德对手会对你进行攻击，甚至造成伤害。这些都是品牌在市场上会遇到的各种情况。

所谓竞争应对，笔者的观点是要做到一了解，二分析，三措施，四升级。

一了解，即要了解自己的竞争对手有哪些，不同的品类、不同的渠道、不同的平台、不同的阶段，哪些竞争对手有哪些营销行为，哪些会让自己变得被动，哪些会对自己造成冲击。只有了解事实，了解数据，才能弄清楚竞争的真相。

二分析，就是要找到精准的竞争策略。即分析竞争对手给自己带来了哪些实际困扰，或者未来会有哪些阻碍，针对这些情况，需要用怎样的差异化营销方法来预防、规避以及应对。只有在分析中找到方法才是真实有意义的，而不是抱怨和陷入被动。

三措施，即针对策略落实具体的措施和方案，也就是具体的营销行为，或者是推出新产品、搞促销活动、打组合拳等。这些具体的措施必须实际落地。只有措施得力，才能实现真正的有效竞争。

四升级，即有时候品牌必须想在前面，走在前面，要为未来可能的竞争建立自己的壁垒，建立自己的防火墙，通过升级营销管理做好竞争升级。只有做得快、做得高、做得巧，才能够让品牌做得好。

4. 避免战略失败的关键

品牌发展，战略先行。方向大于方法，方法大于方案，所有的品牌管理，都需要精准的战略方向。但是，战略管理没有百分百的正确，也会出现偏差和失误。因此，品牌营销要树立战略修正思维，确保管理的有效性，避免战略的失败。如何做到？

第一，把握好战略落地的执行力。

战略决定的是思路，是方向，体现在重点工作行为上，是针对整体工作的某一项重点项目而言的。因此，战略绝不是口号，更不能让战略和日常管理成为两张皮，而是要拥有战略工作的落地思维，同时针对工作要有目标、有策略、有阶段性发展要求、有战略投入预算、有战略工作的分解和分工。

只有上下战略思想统一，并形成战略工作的推动力，强化战略执行力管理，才能让战略不迷失方向，不流于形式，真正实现上下协同，步调一致，形成品牌营销管理的最大发展力。

第二，做好季度营销工作的战略复盘。

在战略推进的过程中，有的顺风顺水，有的却不尽如人意。因此，品牌要有季度战略复盘意识，针对一个季度的战略工作的成败，分析战略管理的得失，通过战略复盘进一步强化团队的战略管理，继续保持住优秀的，改进和优化不足的，从而让战略决策更加精准。

战略记在心中，而目标刻在石板上，战略为目标服务，所以品牌战略的阶段性管理修正能力就是季度目标管理工作的核心。季度战略复盘能够让品牌的团队冲锋在迎接胜利的阳光大道上。

第三，在战略推进过程中做出快速反应和应变。

年度是规划，季度是优化，日常工作则是变化。在战略推进过程中，可能会出现不可预测的情况，市场也可能会发生很多很大的变化。针对这些市场随机性和临时性情况，品牌要有快速反应和柔性战略管理能力，也就是必须在出现重大问题或者重大经营状况前做出战略调整，甚至是战略转弯。要想有随机应变的市场灵活驾驭能力，就必须有战略认知高度和战略调整的勇气。一个优秀的品牌管理者，一定是了解企业和品牌，了解品牌的渠道战略导航图，知道在前进中如何确保战略的调控的，从而形成整体管理的实效力和团队的整合力，切实保障经营目标的达成。

战略管理，既要理解，又要落地；既要坚持，又要灵活；既要顺应，又要纠偏；既要放大，又要巩固。如此，战略管理力才会成为品牌前进的最大保障。

5. 建立品牌营销矩阵

新消费品牌在发展之初，必须删繁就简，复杂的事情简单做，简单的事情重复做，这样就能够在发展中做到简单干脆，实效高效。但是，简单干脆并不代表无须未雨绸缪，不做好相应的规划和计划。依据计划和规划，品牌才可能获得成功。缺乏计划的管理，其结果注定是忙乱的。

新消费品牌的营销矩阵其实就是先做好矩阵设计，然后按照既定计划前进，在前进中去顺应、去修正、去精进，具体体现在如下六个方面。

第一个规范是品牌的顶层设计：品牌罗盘。

品牌罗盘，顾名思义就是品牌发展的指南针，综合了品牌的多维度元素，包括品牌价值定位、品牌卖点和利益点、品牌目标消费人群画像、品牌创意、品牌技术支撑和信任状、品牌渠道匹配定位等细致的罗盘图。通过品牌罗盘，我们能够非常清楚品牌的战略方向和思路，从而建立品牌营销的管理原则。

第二个规范是产品系列的计划。

建立哪些品类、哪些系列，哪些是重点产品，产品如何组合、什么时间开发和上市，需要哪些支持，技术能力怎么样，成本如何，定价区隔策略如何，怎样和渠道配套融合等，都是产品逻辑。有了既定的产品规范，品牌营销也就有了自己的弹药库。

第三个规范是渠道组合策略。

品牌要明确未来的主渠道设计，不同阶段的渠道结构规划如何，针对不同渠道的人货场是否清晰，不同阶段的渠道销售比重和推广主次是什么。当品牌拥有了精准的渠道策略，渠道阵地就能够攻守自如，形成多个营销根据地。

第四个规范是价格定位。

根据不同的品类和产品，确定相应的盈利模式，明确相应的价格体系，形成价格管理制度，品牌的价格定位就能够保障品牌多方拓展并确保收益。

第五个规范是推广配称。

无论是媒介推广、渠道推广还是消费者推广，品牌都讲究度品定做，度渠定做。产品立项之初就要有相应的推广路径规划，渠道进入之初就要有多产品组合推广思路。因此，品牌的推广实际上就是多个人货场的重组。当推广配称到位时，品牌的推广就能够有条不紊，从容不迫。

第六个规范是阶段性整合。

前面讲的顶层设计和营销策略是品牌营销管理矩阵的作战图，但是在实际执行过程中，各个产品的渠道和推广方式不是单一的，也不是各自为政的。其实，新消费品牌的经营者，就是要对这些思路进行整合，不同的阶段有不同的整合方法，这也是品牌营销的季度和月度策略要求。

新消费品牌的营销矩阵，规范是前提，有规范才高效；灵活是水平，要在灵活中去应变，去提升，去成长。静态的是基础规范要求，动态的是创新灵活的能力，静动结合，就能够让新消费品牌的营销逢山开道，遇水架桥，无往不利。

6. 成功的品牌来自价值运营

成功的品牌都来自价值运营。品牌价值不是自我的认知，而是消费者心中的真实认知，这个认知需要品牌有效传递价值，高效转化价值，也就是品牌价值需要通过渠道、通过销售来实现。

品牌价值运营包含三个方面：一是价值塑造，二是价值表达，三是价值传递。

价值塑造是指在规划品牌时要找到品牌的核心卖点，也就是品牌的核心利益表达。比如冰泉牙膏，从众多的普通牙膏或者功效牙膏中跳出来，找到牙膏更富生活和情感品位的差异化价值——口香牙膏，实际上就是让牙膏的功能从口气清新升级到了口香，赋予其品牌社交的价值。这个价值就让品牌站在了营销的高点，赢在了价值起点。

价值表达是通过塑造品牌内在和外在做好价值配称，也就是包装和品质能够和价值匹配。比如冰泉口香牙膏要拥有富有社交价值感的产品颜值，要年轻、时尚、色彩丰富和灵动，所以产品无论是包装、膏体、口感、品质等，都有这个时代的跳跃感，有时尚感和社交分享的价值感。这个价值表达到位了，也就能让消费者一看就懂，一懂就爱。

价值传递也很重要。如何让消费者知道品牌，让更多的消费者喜欢品牌价值点，进而为这个价值点买单，就需要品牌通过终端、广告、活动传播不断宣传这个价值，比如冰泉展现的时尚小资形象，促销活动围绕着口香测试，促销道具表现口香价值，让口香价值被消费者看到、听到和想到，品牌的成功也就水到渠成。

笔者相信，价值创新成就未来。

从经营意义上来讲，做品牌就是一个塑造价值的过程，而在品牌所属的企业内，塑造价值、放大价值、传递价值、实现价值、支持价值和保障价值就是整体的组织管理的体现。

品牌定位的深化和配称是价值起点。围绕着品牌价值本身，品牌通过有竞争力的产品组合、价值策略去推动价值链。价值不仅来自消费心智的认知，还在于其表达方式，包括品牌形象、品牌调性、品牌卖点、品牌背书和品牌推广思路。

传递价值和实现价值是渠道销售中心的落地行动。

产品有哪些销售渠道，卖给哪些人，如何实现更多的销售转化和复购，就在于传递价值以及实现价值。渠道经营不仅在于要让消费者获得更加实惠的产品，还在于消费者通过渠道实现对品牌价值的认知、认购和认可。因此，销售推广不仅在于让商品流入渠道，还在于和消费者有效沟通、推广品牌，在销售中实现品牌价值沉淀，形成持续的销售能力。

支持价值和保障价值是各个职能部门的服务支持体系的重要内容。

品牌和渠道营销需要强大的后勤支持体系，各个职能部门必须以生意价值为导向，以服务为基本，培育快速反应能力，从而推动品牌价值推广的顺畅实施。职能部门的管理绝不是控制，而是要在高效服务和协同中实现可控。职能部门的使命就是保障生意，保障价值。

营销是只要路对，就不怕路远，很多时候，营销的理念必须坚持。品牌开展价值营销，有四个核心点：

第一是找准价值差异化定位。

做品牌，一定要有自己的价值差异化。围绕价值差异化进行品牌的营销推广和表达，是体现品牌竞争力的起点。

第二是终端的形象和内容要体现品牌价值。

品牌要超越同赛道的传统品牌，在终端形象和内容上都要生动形象地体现出品牌的价值感，在目标消费群体中做好品牌沟通，建立品牌价值认知，以此增强品牌的销售黏性。

第三是围绕着目标消费群体传递价值。

品牌的目标消费群体在哪里，主战场就在哪里。因此，品牌要有目标消费群体喜欢的促销方案和促销表达。

第四是让目标消费者在高价值基础上获得更多的实惠。

价值是一种高度，是一种增值，但是品牌也不要忘记在高价值的基础上给予消费者更多的实惠，也就是要让消费者从消费满足转向消费满意。因此，品牌同样需要去推动赠品方案、多件折扣方案的落地。只有让消费者在高价值基础上获得更多的实惠，才能拥有消费的高转化回报。

品牌所有的营销竞争都不是在跟随其他品牌，更多的是在了解自己，是了解自己的优势后，针对对手塑造竞争模式。

时代在不断变化，消费在不断升级，品牌在不同的发展阶段和不同的时代背景下，必须树立价值升级思维。价值升级不是要改变品牌价值，而是要深化品牌价值，也就是在变化中找到消费者最适合和最喜欢的价值表达方式，实现产品组合创新升级、消费沟通升级、媒介和推广升级、整合营销升级。这些升级都需要品牌不断学习，不断尝试，不断突破过去的经验，不断追求新的高度。唯有有强烈的品牌升级意识，并且不断学习优秀品牌，不断和平台融合，才有品牌的不断精进。

价值定位是品牌所有营销的导向，价值主张是品牌所有营销的内容。如此，品牌才有发展的活力和张力。

7. 价值营销思维的原则

很多人都明白，品牌做促销活动要利用消费者的占便宜心理，但不是越便宜越好，而是要让消费者获得相对的便宜和实惠。

但是，在实际发展中，产品常常会不自觉地走向越来越便宜的道路。这其中的原因，一方面在于对品牌价值的不坚持、不自信，另一方面在于经常受到竞争对手的低价促销影响。

这样一来，就会出现一种情况：嘴上喊着要做价值营销，而在实际操作中，价格越降越低，这是一个品牌营销管理的危险信号，对品牌的持续发展也是不利的。我们一定要牢记，品牌在于实现价值，在于坚守底线，在于持续经营，在于消费者的复购忠诚度。

因此，面对一些促销，品牌必须坚守价值营销的原则，制订促销管理的方案和标准，严格执行促销活动的规定。无论是线上还是线下，品牌促销必须形成统一的管理模式，有相对的可控和平衡，形成彼此的推动力，而不是此消彼长。

对此，笔者总结了四个价值营销思维需要坚守的原则：

第一，价格体系不乱动。必须保证品牌整体价格体系的规范，坚持统一的价格标准。价格是品牌价值力的彰显，也是渠道经营力的保障。

第二，强化品牌价值内容推广。通过树立品牌的价值高度，创建更多的品牌价值支撑点，将品牌价值渗透到消费者心智当中。

第三，提升各级渠道度渠定做促销的方案灵活性。不同的渠道可以制订不同的赠品促销方案，提升产品转化力。

第四，做好不同促销阶段的主题设计和推广安排，提高品牌促销的新鲜度和灵活性。丰富多样的促销是品牌活力和价值的另一种表达方式。

8. 流量营销还行不行

此前，很多朋友和笔者讨论快消品的流量红利是否还有未来。笔者认为这是一个伪命题，他们只关注快消品的流量红利，体现的是一种线上营销的思维和单一管理的思考，没有形成营销的整合认知。笔者对营销的认知主要包括以下四点：

其一，营销是全方位的品牌认知，不是单一的爆品管理。

品牌营销，不仅仅是单一的产品突破，更是品牌价值的塑造和传递，通过不同渠道的产品矩阵来实现品牌价值的表达。也就是说，所有的产品销售都只是阶段性的，所有的爆品打造都是战术性的，只有形成以品牌价值为核心的整体产品驱动体系，才能保障可持续的营销管理，而流量只是打造爆品的一种手段，不是营销的全部。

其二，营销基于立体的渠道结构，不是唯一的线上模式。

当品牌的营销渠道单一的时候，任何营销都是脆弱的；当品牌营销渠道单一、销售有流量依赖症的时候，营销更是充满波动性和不可控性的。真正强大的品牌营销基于立体的渠道结构，是多渠道组合形成的销售联动力。线上买得到、线下看得到，才是品牌销售的良方，才是品牌营销长期发展的基石。因此，线上线下共建立体的渠道结构体系，才是品牌长期发展的保证。

其三，营销是多维的投入产出比，不是单个的 ROI（投资回报率）算法。

创新的营销必须讲究单点突破，但是，长期稳定的营销一定是多点的成功，单点的突破只是为了实现多点的结构化和能量化。品牌在做营销投入的时候，如果不关注单点的ROI，则失去了投入的意义；如果只关注现实的ROI，则失去了营销多点取胜的意义。有时候，中心造势，周边取量，才是营销力量的正确整合方式。因此，实现ROI的整体营销平衡才是管理的关键。只考虑单点的营销数字既不长远，又不稳定，更缺乏营销的策略和技巧。

其四，营销要与时俱进地结合势能和动能，而不是阶段性的销售冲锋。

营销必须做到出奇守正。也就是说，必须抓住一切机会去突破、去冲锋、去造势，形成品牌影响力，通过品牌影响力推动产品销售力。当然，品效合一是最佳的结果，但是品牌不能完全靠品效合一去做营销，必须结合营销势能和动能进行排兵布阵和统筹运营。只有立体、整体和全面的营销管理才是有价值意义的，出奇的目的是守正，守正的目的是下一次出奇，绝不能不断出奇或者不断守正。唯有攻守结合才是营销成功之道。

营销不是算术题，而是管理公式；营销不仅是技术，还是艺术。品牌要坚持品牌价值驱动，坚持产品表达定位和创新，坚持立体全面的渠道构建，坚持多维生动的线上线下推广，坚持消费者心智的持续精耕。流量要抓，但是不能依赖单一的流量管理，而是要重视多个流量来源。

9. 营销要找准关键节点

营销是有节奏和韵律的，需要把握各种节点。营销管理的核心就是驾驭节奏和掌控节点的销售力。

笔者认为，所有的品牌管理目标是通过不同的节点来实现的，所有的品牌工作计划都必须体现在每一个节点上。只有踩对了点，抓住了势，事情才能够做好、做成。

因此，品牌在营销工作计划中，必须做到“三知”“三要”。

“三知”是指知道节点，知道分工，知道协同。

比如针对“6·18”大促，品牌要知道在这个节点中，有“5·5”大促、“5·10”中国品牌日、“5·20”大促、“6·18”预售、“6·18”狂欢等阶段性节点。针对这些，品牌必须了解规则，知道玩法和打法，知道怎么去做好资源整合，知道怎么排兵布阵。

知道了节点，就要针对每一个节点做好工作分工，比如针对线下的“6·18”大促，要知道如何与经销商做好促销计划、卖场谈判、人员培训、活动组织、各项赠品物料准备，分工到位，责任到位，推进到位。

在所有的工作中，有的工作需要人去驱动，那么驱动者就必须负责到底，强化推进；而有些工作是需要配合协同的，那么负责这些工作的人就要知道自己如何配合，如何衔接，如何应对。协同是职责，也是能力的体现。

“三要”是指要紧盯、要关注、要跟进。

品牌管理者要紧盯各项工作是否按时保量地完成，要紧盯阶段性节点的目标是否实现，要紧盯各个方案是否及时有效，要紧盯各项平行工作是否有保障。紧盯是一种工作态度，也是过程管理的重要体现。

品牌管理者要关注工作节点中的问题，关注过程是否出现了偏差，关注团队是否缺乏支持和帮扶，关注渠道和平台是否出现了什么变化，关注管理是否有错漏。关注的目的是提出应对方案。关注体现的是全局眼光，也是敏锐洞察力的体现。

品牌管理者要跟进关键节点的各项成果，看是否出现偏差，在实地执行中是否需要调整，是否保证了整体的协调性和有效性，是否可以更快更好地推进工作。跟进是一种指挥力，也是一种整体的驾驭能力。

比如2—3月，是品牌一季度营销的关键冲锋阶段。在这个关键阶段，品牌最重要的是以“三八”为核心的节点营销。

“三八”节点营销是品牌全渠道、全链路的营销关键节点，是上半年营销的首次冲锋战役，也是开年的第一个销售高峰时刻。因此，品牌必须围绕着“三八”大促全力组织筹备和推动。

首先，要了解各个线上平台和各个线下终端的“三八”大促玩法和节奏。线上，“三八”会有各种促销玩法。品牌要深入了解平台的规则和要求，了解平台有哪些创新做法。同时，也要了解线下各终端针对“三八”大促设计了哪些活动主题，有哪些促销形式。了解平台和终端的玩法和节奏，只是品牌“三八”节点促销的起点。

其次，要知道品牌的一季度推广主题和资源支持。

再次，要针对平台和终端制订“三八”大促方案，并与对应客户达成充分共识。比如每一个品牌业务中心都要形成具体的“三八”节点大促方案，这个方案包括产品计划、形象计划、促销计划、流量计划、运营推广计划和直播计划等。针对这些方案，一方面要和协同部门做好沟通交流，确定方案框架；另一方面必须与平台、终端包括经销商详细对接，达成方案共识。同时，还必须在确定方案后与协同职能部门沟通，形成积极有效的保障方案，确保“三八”大促方案可行、可控、可落地。

最后，将“三八”大促方案落实到具体的工作分工和计划中。

针对方案，形成详细的促销落地执行计划，将每一项工作都落实到人，落实到具体时间节点，落实到目标，并时刻关注和跟进。

10. 组建优秀的营销团队

新消费品牌的发展，首要的是关键业务的确定，而开展业务需要团队来支撑。因此，组建优秀的营销团队是业务成功的保障。

新消费品牌的营销团队建设要从七个方面去强化：

第一是组织架构的设定。

品牌必须按照业务设计的要求，根据业务结构、业务内容、业务体量、业务范围和业务协同等做好组织架构的设计。组织架构其实也是一个完整的业务运转图，只有具备合理的组织架构，才能够实现业务的高效运转。

第二是定岗定编。

定岗是定出岗位职责，也就是每一个岗位应该承担哪些工作职责，有哪些工作内容，从而体现每一个岗位的价值和作用，让岗位与岗位之间形成协同性。定编则是根据业务工作的目标要求，根据岗位的价值作用，定出相应的编制人数。这也让品牌有了团队发展的新蓝图。

第三是人才选拔。

不同的岗位要选任不同的优秀人才，无论是管理岗位，还是执行岗位，都要有编制岗位任职资格，实现相应的人才匹配。人才选拔既要因人定岗，也要因岗找人，只有二者结合起来，才能够实现人才的合理配置及人才与岗位的融合。

第四是绩效管理。

品牌必须做好对应岗位人员的绩效目标设定，同时根据绩效目标做好对应的绩效管理。无论是目标下达，还是绩效沟通、绩效帮扶、绩效评估和绩效考核，都必须形成完整、高效的流程体系。只有绩效管理到位，团队才能不断成长，才有实现目标和完成指标的推动力。

第五是培训提升。

品牌要建立阶段性的培训计划，或者针对专项人员制订提升计划。这些计划要有明确的思路和投入。只有人员能力不断提高，人才不断精进，团队才会更有战斗力。

第六是激励激发。

品牌要制定薪酬激励体系，激励员工多劳多得，激发员工工作积极性、提高员工工作目标达成力，也让那些付出多、价值大的员工更有促进企业成长的成就感，形成同心同“德”、同心同“得”的氛围。

第七是优胜劣汰。

品牌必须做到令行禁止，用结果说话。针对业绩好的人员要提拔，给予更多的机会和回报；对于不符合要求的人员，或者业务松懈者，必须按照制度和规定予以淘汰。正常的人员流动也是正常的管理循环。

新消费品牌营销团队建设首先要讲理，一切都是有规范、有规定的，一切都是有流程、有制度的；其次还要讲情，在道理、合理中看到情理，凡事多为团队着想，为长远着想。有理有情，团队就有活力、有战斗力、有成功力。

11. 新消费品牌的出圈路径

新消费品牌的管理要守正出奇，也就是说，一方面要有规范化的品牌营销运营，按照既定的方针和策略大步前进；另一方面要敢于出奇兵，敢于出圈，打破常规，通过创新出圈走出品牌营销的突破之路。

新消费品牌出圈的路径多种多样。

其一，新媒体推广是一种出圈方式。

当品牌在新媒体找到一个好的产品卖点、一个极佳的内容放大点、一个很好的推动模式时，就要迅速把握机会去建立推广共识，制定推广预算，做好销售承接计划，快速行动，从头部KOL（关键意见领袖）集中打破，然后在本领域形成爆破，在爆破后走出圈子，出圈后在全领域营销发散，实现营销效果最大化。

其二，新渠道创新也是一种出圈方式。

很多人面对新渠道时不知不觉，没有谁规定了什么是渠道，有时候媒体即渠道，渠道即媒体。任何一种可以销售的承接体都是渠道。因此，在某些渠道发现商机时，品牌要从传统的渠道合作中跳出来，从传统的销售模式中走出来，敢于出圈，以推动全新销售模式，取得新的销售成果。

其三，新产品抢位可以出圈。

一个新产品上市时，品牌不要只关注传统的营销方式，不要只站在原有产品的销售和推广角度思考，而是要大胆破局，从上市到推广、促销，都可以打破原有的思维框架。比如冰泉的袋装漱口水上市时，就在全国很多火锅连锁店推广并大获成功。这就是一个典型的新产品出圈案例。

其四，新合作 IP 可以主动出圈。

品牌可以和一些有影响力、有话题性或者有跨界关联点的 IP 结合，主动推广，实现更好的出圈。比如故宫，本身的话题是历史、宫廷、权威。当某个口红品牌与故宫联名的时候，其产品就多了一分价值的魅力、一层信任的底蕴。IP 合作不仅是做产品联名，而且是用多渠道、多模式的销售出圈。

其五，通过多品牌联动出圈。

品牌之间的联合不仅在于互相造势、借势，增加品牌的鲜活度，还可以共同出圈，共赢创新。比如冰泉与 WHIKO 这个时尚零食品牌合作，推出联名的山楂牙膏以后，得到 WHIKO 的推广，WHIKO 的门店也销售冰泉的相关产品。二者联动出圈销售，就取得了非常好的营销影响力。

其实，对于新消费品牌出圈，品牌经营者不仅要思考如何出圈，而且要思考如何积极出圈，通过出圈让品牌更加精彩，也通过出圈让品牌始终充满创新的活力。这也是保持品牌年轻化的一种方式。

12. 如何点燃爆红的第一把火

有同行的朋友到访笔者的公司，问及新消费品牌如何点燃爆红的第一把火。这是一个大课题。站在笔者个人的角度来讲，这个课题其实没有答案，因为品牌的时空背景和营销状态不一样，任何品牌的成功都具有不可复制性。但是，品牌如果掌握了爆红的逻辑，那么在机会面前，就能顺势而成。

新消费品牌创立之初，不应想着如何爆红，而应该想着如何建立品牌营销的基础阵地。正如盖房子要先打好桩一样。只有桩稳定了，才能够万丈高楼平地起。而建立品牌营销的基础阵地，就是要按照既定的时间路线做好品牌规划，做好产品开发，做好渠道分销，做好基本的销售推广和维护。只有生意的基础盘构建好了，品牌才有自己营销的根据地，才有机会实现爆红。

基础阵地建立以后，品牌就要抓住重点渠道和产品的建设，也就是有方向、有目的、有重点地聚焦投入和耕耘，做好渠道和产品的预判，比如哪个更有机会，哪个最有把握，哪个能更加快速地冲锋和爆破。品牌要想爆红，应该选对一个有火就能燃的点。

聚焦产品和渠道，不见得品牌很快就能够爆红，也不可能一出手就阳光照耀，这个时候品牌更需要做的是测试，测试内容推广是否精准有效，测试产品的突破点在哪里，测试最能够引发消费者兴趣点的内容是什么。通过测试，找到、找准那个可以大投入冲锋并爆红的点。

一个点能够爆破，但爆破的红利期是很短暂的。因此，在做产品内容营销测试的同时，品牌必须建立一个整合营销框架，确定在爆破前通过什么途径进行多维度测试，确定爆破后用何种矩阵来造势和起势，确定起势以后如何扩大 KOL 和 KOC（关键意见消费者）的规模，如何制订出圈发散的推广计划。当这个计划是清晰的和投入准备是到位的，品牌就可以在重点产品爆破的时候，有条不紊地开展后续的“加火”工作，真正由点带面，形成由爆破走向全网爆红的势能。

爆红不是目的，是为了实现更大的销售目标，让品牌和企业上台阶。因此，在爆红后，实现重点渠道的承接转化，实现全渠道收割才是最重要的。只有做好渠道转化的排兵布阵，将爆红的红利接住，品牌才能够避免叫好不叫座，才能够获得知名度和销售力提升的双赢。

其实，品牌爆红是靠单品、单渠道取胜。新消费品牌的管理者，还要有多产品、多渠道爆破的准备。只有让产品爆破有连续性，才能够实现品牌的爆红。

关于新消费品牌的快速爆红，笔者分享的只是一些简单逻辑，具体到实际操作中，还需要多方面的借势、顺势和把握机会。这不仅仅是看运气，更关键的还在于能否把握形成品牌势能的时机。这就要求一个新消费品牌管理者必须具备敏锐的洞察力、判断力和自信的魄力。

13．如何构建内容营销体系

内容营销是对内容的整体管理，包括内容策划、生产、测试、分发、放大、承接等，这些工作大而全，需要品牌持续管理和把握机会。

品牌的内容营销，包括四大板块：

第一大板块是品牌内容营销。

品牌需要宣传，而品宣有时候又无法通过单一的 ROI 来体现。这个时候，品牌一方面要建立专项的品宣计划，另一方面需要通过一个季度或者半年的整体增长来测算品宣的投入效果。这是品牌发展的基调和基石。

第二大板块是基础内容营销。

每一个渠道平台销售都需要基础的外部流量，内容营销部门要和各级渠道销售部门商量，建立基础内容营销的流量，这个计划要重视重点产品，重视时间节奏，重视对应的投放 ROI 基础要求，当然，也要明确每一个月的基础内容营销预算。

第三大板块是机会内容营销。

机会内容营销是内容团队最重要的工作，也最能体现内容团队的创新力，这是一个广域创新的概念。也就是说，品牌要针对重点产品、新产品或者机会产品，不断地测试和尝试，不断地创新和推动，发现和找到最新的内容营销爆点，通过爆点迅速扩大影响力，迅速实现 ROI 倍增，选品、选内容、选节奏。同时需要内容团队把握和驾驭机会，有敏锐的市场洞察力和精准的内容捕捉力，随时随地跟进和突破。

第四大板块是跟风内容营销。

在内容营销管理中，我们往往会发现同类品牌或者不同类目品牌的一些亮点，有些亮点完全值得学习和借鉴，这个时候，也可以跟风做好相应的内容营销。如果把握得好，也是一次内容营销升级的好机会。内容营销本身就是不断建立新支点的过程。

内容营销在落地的过程中，还要有重点、有策略、有落地、有实效。

有重点，指的是明确内容的发力点在哪里。

内容营销的发力点主要体现在媒体和平台。只有内容媒体和平台形成重点的配称连接，并设立自己的投入与产出目标，才能有的放矢，让品牌的内容管理主次分明。

有策略，指的是要明确如何去做大做强内容。

明确了内容重点之后，如何去打、如何去推，同样需要站在媒介和平台的角度去思考，品宣有品宣的打法，品销有品销的做法。同时，还要有机会策略，比如如何通过更多的个性化单品打造短视频，通过尾部的海量达人实现更全面、广泛的推动。这些都是品牌需要重视的阶段性策略。

有落地，指的是要建立组织，强化执行。

品牌必须根据内容的重点、策略，去组建相应的内容团队。只有团队强大了，才能更好地推进工作，实现有效落地，在执行中改进和完善，在改进中创新和提高。

有实效，指的是要有明确的目标和结果导向。

内容营销不仅仅在于做，还在于做出结果，做出成绩，也就是要有目标，包括阶段性目标和年度目标，并将目标明确到每一个人、每一个时间点，并跟进每一个阶段的实际成果，不断紧盯，不断改进，不断提升。

14. 如何构建强大的内容营销力

内容营销是新消费品牌拥有持续发展竞争力的重要保障。不过，内容营销不是为了内容而做内容，它的起点是品牌价值，也就是如何将品牌的规划与媒体新推广结合起来，确定内容营销的价值方向。

构建强大的内容营销力，需要品牌管理者拥有六大管理思维：

其一，建立内容营销的整体规划。

内容营销不是单点的推广管理，需要进行全链路的多产品、多媒介内容规划。只有整体规划清晰，内容营销才有持续和规范的发展能力。

其二，围绕产品搭建内容营销的发展框架。

内容团队要根据品牌的产品推广规划建立内容营销发展的框架，构建重点产品、机会产品和培育产品的内容营销力。当然，这个产品推广计划也需要在实际内容推广中不断优化和改进，是一个在基础上发展、在发展中变动的创新管理过程。

其三，结合媒体不断创新。

不同的产品，就不同的媒介适应力，同时对应不同的渠道销售力，因此，内容营销无论是“种草”，还是品效合一的推广，都必须结合媒体不断创新。同时，也要不断适应媒体的创新和变化，把握媒体的重点结构、变化机会，这也是内容营销最重要的推广导向。

其四，提升数据管理和分析能力。

做内容营销需要把握机会，而数据就是内容营销的风向标。内容营销是综合数据分析和管理，只有做好日常内容营销的 ROI 控制，做好销售数据的深度跟踪，做好数据变化中的内容营销突破和爆发，才能打造品牌持续的发展竞争力。

其五，要不断地学习、借鉴和创新。

自我创新往往非常难，而学习和借鉴则是内容营销日常的主题，同类品牌、跨品类品牌，甚至不同平台的优秀案例，都是学习对象。不断以优秀案例为参照，不断通过模仿找到自己的优势，是内容营销管理的常态。

其六，要有机会突破尖刀能力。

内容营销最大的价值就在于老产品新突破和新产品新能量，因此，品牌必须有强烈的机会主义意识，有强烈的机会突破意识，把握各种机会，通过机会实现各种大小爆破，从而让内容营销真正生动和高效。

15. 打造年轻人喜欢的内容

在年轻人驱动消费的时代，品牌要打造年轻人喜欢的内容，才能吸引年轻人认购，获得年轻人认可、认定。那么，应该如何打造年轻人喜欢的内容?

第一步，洞察消费者画像。每一个品牌都有自己的主流消费人群，也一直在努力渗透目标消费人群。品牌要知道自己的消费人群画像是怎样的，有哪些特点和个性，触达和消费方式是怎样的，他们通过哪些途径了解品牌和产品，在哪些方面最容易被打动，品牌倾向和消费特点是什么。当品牌拿到自己现有消费者的完整画像的时候，内容规划就有了基础。当然，品牌也要有新消费者发展计划，分析消费者画像，明确自己的拉新目标。

洞悉了消费者画像，就要进入第二步，了解自己的品牌诞生了哪些爆红的内容形式，传播和转化最广泛的内容有哪些，这些内容的特点和获得成功的原因是什么。这些可以让品牌在好内容的基础上进一步摸清消费者的喜好。

第三步，还要看大盘，要了解近三个月、近一个月、近一周甚至近一天，全网有哪些年轻人喜欢的爆红内容，知道这些内容的热点是什么和亮点在哪里，从而了解当前年轻人对于内容的感知维度，思想应如何去引领和打动他们。

通过前面三步，品牌就能够建立起基本框架，也有了基本的方向和创作方式，接下来就可以制订内容计划，制作内容，批量进行内容测试，通过测试了解目标消费者的触达和转化情况。好内容多是经实践测试“淘”出来的。

当我们在测试中发现一个好的内容、闪出火花的时候，就需要迅速与有意愿合作的、有影响力的达人共创更多的好内容，放大推广，让好内容爆发出来。

当与达人共创的内容形成营销力和销售力，并到达一定高峰的时候，品牌就可以扩大分发面，建立长尾收割能力。同时，也要开始继续测试其他产品、其他内容。因为好内容的红利期不会太长，品牌要为挖掘下一个爆红的内容而努力，形成好内容的正向循环。

16. 让消费者成为品牌传播者

高明的营销，会直击人心，让消费者自发成为品牌的传播者。品牌营销管理的核心是以消费者为导向驱动所有的管理，让消费者成为品牌最大的传播者。因此，对品牌来说，要精耕消费者阵地，并让消费者成为品牌升级和跨越的最大价值驱动力。笔者认为，让消费者成为品牌传播者要从以下五个方面入手：

其一，消费者说好的产品才是真正的好产品。

品牌除了用科技创新来说话，更重要的是要围绕消费者的使用需求做好产品的管理。消费者的需求包括功效、颜值等多方面。好的产品能够快速建立消费好感和信任，才是最关键的。金杯银杯不如消费者口碑，每一个消费者的认可就意味着可以带动更多的消费认知和认购，就可以带来更好的消费叠加和重复传播效果。

其二，要做好立体化的消费体验管理，提升消费者的满意度。

消费体验是立体化的，消费者对产品的外观，产品的描述、物流，包装盒、实际使用感受、售后等，都有全方位的理解和感受。针对这个立体化的消费过程，品牌必须实行全程的消费体验细分管理。一个优秀的产品管理者，不仅要立足产品的开发，还要关注消费者的全程价值管理。这样才能实现消费满意度提升，才能让消费者有超出预期的满足感，从而获得更好的评价和得到更广泛的传播。

其三，还要有消费者常规化调研，时刻了解消费者对于品牌的信息反馈。

消费者对于品牌的理解，不能是品牌单方面以为的那样。品牌必须洞察消费者的真实反馈。因此，品牌还需要反向做消费者调研，无论是通过电商的消费评价，还是终端实地的消费访谈（包括各种消费问卷调查）都要收集季度信息。只有了解消费者的真实感受，品牌才知道如何去优化和提升消费体验，才能够让品牌与消费者之间的沟通更加有效。

其四，要做好渠道消费者的全链路的经营管理，做好消费者沉淀。

每一个渠道都有不同的消费者，每一类消费者对于品牌和产品都有不同维度的需求表达。因为渠道消费的侧重点不同，所以不同渠道的消费路径和消费链路也各不相同。在从认识、感兴趣，到购买、持续购买的消费者运营管理中，品牌只有结合不同渠道，对不同产品进行不同推广，才能够让不同消费者产生共同的消费好感，在全链路获得消费好评，赢得广域消费人群共同的喜爱。

其五，必须通过私域推广实现消费者的裂变和主动传播，提升消费者管理的高度。

最好的传播者不是新消费者，而是品牌的老顾客。因此，品牌必须通过私域或者社群精耕老顾客，让老顾客不仅是购买者，还是裂变销售者和品牌传播者。如此，品牌的传播力就能够达到一个新高度，实现质的飞跃。

消费者传播不仅仅是品牌管理和产品管理的一个过程，也是市场营销整体管理体系的重要一环，销售部门、供应链部门甚至企业公关部门都应该融入消费者传播管理中，因为加强消费者传播实际上也是制造流量的一个捷径。

17. 做好短视频营销，引爆流量

这是一个注重内容的新消费时代，也是一个短视频营销的时代。短视频营销综合了广告、内容和销售三层功能，是引爆流量的最好途径。

如何做好短视频营销，引爆流量呢？

笔者认为，新消费品牌要以品牌价值驱动实现未来发展，做短视频营销首先要保证品牌内容元素的规范性，也就是要建立品牌短视频的基本“人设”框架。短视频是品牌最终成功销售的载体。品牌必须将短视频的内容限定在既定的价值框架内，这样，才能够让短视频营销真正成为品牌营销走向成功的加速器。

有框架并不意味着束缚和约束，也不是让短视频营销戴着枷锁前进。我们可以在品牌价值观和理念一致的前提下，创新品牌的表达方式，通过内容渗透，让年轻人更加喜欢品牌，对品牌更加有兴趣，通过触达消费痛点实现快速转化，通过场景营销进行消费暗示等。这些都告诉我们，短视频营销必须立足于年轻人的喜好，用年轻人喜欢的方式沟通，做年轻人自然而然会喜欢的短视频。

当然，大家最感兴趣的话题、最具热点的话题就是最吸引人的话题。在合适的情况下，品牌要善于运用时事热点，抓住年轻人的眼球，通过话题来借势，通过话题吸引更多的关注量，引来更多流量。

其实，品牌可以不断学习和借鉴。不同行业，不同时期，我们总能够看到一些爆款短视频。品牌要研究这些爆款，懂得“拿来主义”，将爆款短视频的一些表达方式、话术、技巧等化为己用，但不能照搬照抄。参照优秀的短视频，是品牌在短期内引爆流量的最快捷的途径。

好的短视频都是通过测试得出结论的，所以品牌需要有海量的素材，需要有更多的短视频内容，不断触达，不断了解消费者对内容的反馈。通过不断测试，品牌就能够挑选到一些好的短视频内容作为投放的素材，并放入候选库，甚至，可以将好内容中好的点进行混剪，然后进行二次测试，再次筛选出优秀的短视频。

好的短视频是用结果说话的。因此，当品牌通过测试有了初选短视频以后，还要把握时机，抓住几个重要的点去逐步放大，扩大投放面，不断聚焦在最好的短视频上，实现集中爆发，实现短视频效果最大化，流量最大化，直至销售成果最大化。实践见真章，所有的成功都是干出来的。

短视频营销是一个技术活，也是一个艺术活。因为短视频营销需要有专业的能力、有数据的分析、有对流量实时的分析和监测，而且它不是简单的表达，是情感和心灵的沟通，需要洞察人性和人心，需要在内容的灵魂中升华。

18. 品牌短视频营销应该把握哪些关键点

新消费品牌的短视频营销，绝不是制作一批短视频简单投放，更不是哗众取宠地展现一些另类内容吸引眼球，而是一项专业的系统管理，需要专业的团队彼此协作共创共成。笔者结合冰泉的短视频营销经验，和大家分享短视频营销应该把握的五大关键点：选产品、选创意、选达人、选内容、选节奏。

选产品就是要选择那些有颜值、能激发消费兴趣和话题、有个性化功效或者能满足年轻化需求的产品。这些产品更适合通过短视频展示，更容易让消费者通过短视频接纳，也更符合短视频营销的特征。因此，品牌短视频营销的起点其实就是选准产品，团队要主动开发适合短视频营销的产品。产品选对，一切就不会白费。

选创意则是要找准产品表达的点，提取那些最能通过短视频表达的产品元素、产品特色以及产品优势。同时，也要通过多个脚本设计短视频的新场景表达方式。创意非常关键，是内容的参照，也是内容富有活力的源泉，一方面要符合品牌价值的表达，另一方面要采用能激发消费者兴趣的沟通方式。好的创意是短视频营销成功的关键。

选达人则需要品牌在众多的短视频头部、腰部、尾部达人中筛选出符合自己品牌定位，符合品牌调性和人设的达人。可以通过数据、过往视频去分析和评估这些达人。品牌也可以建立自己的达人合作基础库，并确立达人合作的基本框架和条件。短视频需要达人的传播放大效应，达人的多样化精准组合也是品牌短视频营销中最为核心的一个环节。

选内容则需要品牌一方面做内容的测试，通过测试明确短视频内容的方向和基础，另一方面与头部达人共创短视频内容，因为达人比品牌更了解短视频的风向。进行多个达人短视频的测试虽然成本会偏高，但是精准度高。内容选准了、选好了，就能真正扩大品牌的推广面，让品牌的短视频精准投放，提升ROI。

选节奏则是品牌短视频营销的打法，在什么时间测试，什么时间在什么类型的头部达人的短视频中爆发，如何通过短视频形成影响面，如何实现裂变，如何实现销售转化，如何同步渠道的销售节奏，如何形成短视频营销冲锋的路径等，都是品牌短视频营销打法节奏规划。

短视频营销不是一蹴而就的，也不是一劳永逸的，讲究天时、地利、人和，要用心、细致和专业，要有不断创新和不断形成新红利的能力。这就要求品牌不仅能驾驭内容，还要掌控媒体合作，承接销售，这也是对品牌整合营销能力的考验。

19. 打造短视频营销生态圈

短视频营销已经成为新消费品牌推广和销售的重点营销模式。不过，短视频营销的效果，不仅在于短视频的运营，还需要打造短视频营销的生态圈。

这个生态圈包含了短视频创作、制作、测试等在内的完整内容体系，能形成完整的生态循环，也能够实现品牌销售和推广的持续性。

短视频的创作要以品牌价值定位为起点，也就是可以做出花样，但是不能偏离品牌规划，要在品牌既定的价值逻辑下演绎，通过各种市场热点和个性化的表达方式激发年轻人的兴趣。通过短视频，实现品牌在年轻人认知中的长期沉淀。

短视频可以由内部团队和外部合作制作，同时，有海量的短视频，才能够与众多的素材不断赛马，呈现出更好的内容，拥有更多的短视频推广突破的机会。海量的素材也为品牌各个销售渠道的“种草”提供了内容库，体现不同平台的不同内容营销需求。

制作海量短视频多是为了有更多测试的机会，因为自己认可的短视频不一定受市场欢迎，因此，品牌必须在不同的新媒体，甚至是针对不同的达人进行相应的短视频测试。通过测试，我们就能知道不同产品在不同平台的短视频内容方向，知道如何把握短视频的脉搏，同时，给品牌最终的推广和投放提供依据和信心。

短视频的推广其实有三个逻辑：第一是不同的产品要有不同的短视频推广方法和达人矩阵，第二是不同的新媒体平台要有不同的推广模式和方案，第三是不同的时间在不同的平台要有对应的不同产品和新媒体推广节奏。这三个逻辑构成了短视频推广的一张网，这张网既有交叉部分，又有平行部分。新消费品牌必须结合自己的能力去设计和规划不同的推广组合。

所有的推广最终是为了促进销售，也就是说，品效合一的短视频营销才是王道。因此，品牌如何在不同的渠道做好不同的销售承接也非常关键，比如日常的“种草”短视频怎么制作，重点产品怎么推，大的节点促销怎么安排等。这些都是销售与推广的双向联动，既要根据销售的需求做好短视频的规划，又要结合短视频的红利做好销售的主次承接，二者相辅相成，共同实现短视频营销的最大成效。

短视频营销是一个系统的管理工程，在不同的阶段有不同的目标和主次。品牌既要做好当下的短视频营销推进，又要做好下一步的短视频营销规划，形成持续循环的营销能力。如此，才能够真正实现营销的不断进步和胜利。

20. 如何拥抱直播电商

直播不仅仅是一种商业战略，而且通过政府“搭台”、企业“唱戏”，很多品牌在直播电商的放大加持下，拥有了更大的成长和发展的舞台，特别是一些传统品牌，通过积极拥抱直播电商，迎来了新生。而很多新消费品牌，自诞生以来，就和直播电商密不可分。为什么笔者看好直播电商呢?

第一，直播是当前的商业变革创新模式。

直播不仅仅是一种销售模式，更多的是一种商品交易路径的变革。这种变革不仅让品牌衍生了新的渠道和客户，也重新定义了原有的商业推广模式。直播不一定会改变所有的商业规则，但是会给品牌的商业规则带来新的变革。品牌必须顺应和适应商业变革创新，也必须从战略和策略上绝对重视商业变革创新。

第二，直播是品牌拥抱消费流量的营销手法。

现在的消费流量不断变化，流量决定销量。以前消费者愿意进店购买，后来消费者更多希望在线上购买，而现在，更多的消费者希望用更丰富的方式了解商品后再购买，这就推动了直播流量的火爆增长。品牌需要拥抱这些新流量，需要让这些新流量成为销售增长的新引擎。

第三，直播是年轻人更加喜欢的电商场景化的新生态。

直播能够让我们更加直观地了解商品，更加深入了解商品的属性和特性，也能让年轻人更加喜欢商品，给他们带来购物的便利和愉悦，带来实惠的满足。直播是年轻人更加喜欢的电商场景化的新生态。比如冰泉在直播的时候，很多主播和明星就会在直播间刷牙，通过他们的亲身体验让消费者更好地领会口气清新带来的快乐。

第四，直播有利于打造个性化品牌和商品。

直播其实对于商品的要求很高，要求商品有鲜明的个性和特点，要能够在很短的时间内体现其颜值和品质，要有很高的溢价和优惠，要求商品有更多年轻人喜欢的属性。因此，直播非常有利于企业打造个性化品牌和商品。

第五，直播有利于品牌与消费者沟通和交流。

在直播的过程中，品牌可以通过数据洞察消费者对于产品的倾向，了解消费者对于品牌和产品内容表达的喜好，也可以了解消费群体的细微变化，从而更加了解消费者，更好地围绕消费需求做好品牌管理和产品研发，做好各项营销推广工作。

直播电商有这么多优点，新消费品牌如何更好地拥抱直播电商？笔者认为有六大要点：

第一，要做好平台布局。

淘宝、抖音、快手、蘑菇街等平台都有各种直播推广。想要更好地拥抱直播电商，品牌就要做好自己的直播平台合作布局，也就是和哪些平台、哪些 MCN 公司合作，和哪些头部、腰部主要达人合作，和哪些尾部达人合作，如何推广都要清晰。只有布局清晰，才能够方向清晰，工作明确。

第二要做好产品规划。

不同的平台、不同的达人在不同的时间段有不同的直播产品适应性，品牌必须为达人建立直播产品矩阵，提供直播产品组合策略，让产品成为品牌与达人共赢共进的利器，也让产品展现最好的品牌表现力和销售爆发力。

第三要做好直播执行。

每一场直播都需要做好细节管理，无论是合同还是直播内容，或者是直播话术、细节、时间的把握等，都要做好对接和配合，及时沟通，及时改进。同时，品牌也要做好直播的复盘和后续管理工作，确保直播执行顺畅。

第四要做好“种草”推广。

直播不能仅仅依靠品牌和产品价格，还要有直播“种草”思维，也就是在直播前做好产品的阶段性推广，让产品拥有足够的认知力，同时让产品在消费者心中形成良好的印象。有效的“种草”推广能够保障直播水到渠成，顺风顺水。

第五要做好组织分工。

任何业务都需要不同的团队来管理推进。品牌要根据直播的业务需求配置管理团队。有效的组织分工才是直播各项工作规范、顺利开展的保证。

第六要做好阶段规划。

除了年度整体规划以外，品牌还要根据每一个季度的不同发展情况做好阶段性的营销计划，要有清晰的品牌直播策略、精准的直播管理主次重点、有效的直播推进措施。每一阶段的规划越细致，直播运营的管理就越高效。

整体来说，直播要做到有计划、有目的、有目标、有同步、有个性、有规范。

有计划，就是要针对当前的工作制订整体计划，从店铺直播到外部直播、直播合作等，都要有年度计划、季度计划和月度计划。一个有计划的直播管理才是系统的和长远的。

有目的，就是无论开展什么样的直播合作，都要有目的，比如冲销量或做宣传，或者是配合电商冲锋，不能为了做直播而直播。

有目标，就是要确定选什么产品直播，预计流量有多少，销售转化率是多少，能够带来多少销量，带来多少粉丝。这些都是品牌要设定和预测的目标。目标既是决策的依据，又是要征服的山峰。

有同步，就是说直播要和销售同步，无论是线上还是线下，直播最终要与对应的转化平台相结合，形成大节点实现突破，从而获得最好的直播回报。

有个性，指的是除了多元化的直播组合之外，直播还要注重与对应主播方的合作沟通，将品牌的属性、调性和特性沟通到位，让主播深入了解品牌，从而打造最有个性的产品表达。这也是直播成功的关键，双方的沟通融合决定了直播的最终效果。

有规范，是说直播不是简单的销售，而是要考虑长远发展，一方面不能偏离品牌，另一方面不能只顾销售，要兼顾规范管理，包括产品规范、价格规范、费用规范等，进行持续的销售推动，要有整体思维和长远思维。

21. 直播营销长红的流量密码

直播营销长红，需要“达播”（达人直播）和“自播”两手抓，打造硬实力。达播是借用“达人粉丝”起到销售爆量和品牌宣传的双重作用；自播是品牌长期积累的过程，为品牌做价值和内容的输出。两者互相借势借力，推动新消费品牌直播营销的增长。

达播的流量密码，在于掌握五大专业管理能力：

第一是数据分析能力。

达播必须以数据作为驱动点，通过数据分析大盘，了解整体达播的布局和发展状态，了解产品在达播的结构和发展趋势，了解达播未来的推广走向。同时，品牌要通过自我数据分析，了解自己的优势和劣势，分析存在的机会和不足，知道如何更好地改进和提升。

第二是主播布局和拓展能力。

做好老主播的维护和创新，是达播管理的第一重点。同时，要把握各种新机会和变化，建立更多、更新、更好的主播布局。无论是头部、腰部还是尾部，都要树立目标，建立策略，找到方法，制订计划，实现有效、高效的拓展，形成更具活力的达播矩阵。

第三是直播运营和服务能力。

必须为达播做好各项资料和文件准备，针对主播做好内容的有效沟通和培训协助。只有将主播风格和品牌价值进行更加有深度的结合，才能实现品牌最好的直播推广。当然，还涉及更多的对接工作、客服沟通以及达播的各项支持服务，也必须做好细节管理。

第四是产品组合优化能力。

产品的高新鲜度是达播持续创造价值的保障。品牌不仅要在老产品组合上创新，还要开展更多的新产品直播合作，形成多产品多机制的合作能力，保障品牌通过达播展现旺盛的生命力。产品创新力就是达播最大的爆发力。

第五是直播后勤服务能力。

品牌必须以客户为导向做好“达播”的后勤服务，包括合同签订、单场直播结算、客服反馈、发货速度及其他需求，都要高效到位。并做好细节管理。只有高服务效率才是深入持续合作的保证。

自播的流量密码，在于抓住五个重点：

第一是要做好自播的基础搭建。

无论是天猫的搜索电商、抖音的兴趣电商，还是快手的关系电商，都有新消费品牌的营销管理基础布局要求。品牌要在每一个自播的战场做好号店布局，明确相应的自播账号的人设、产品、主播和推广方法，建立相应的组织架构支持体系。布局决定结局，基础布局搭建是品牌自播成功的第一步。

第二是要做好号店的内容推广。

号店即账号导流店铺，也可以说是承接直播流量的店铺。在自播中，一个号店可以通过很多不同的短视频账号导流。

不同的账号有不同的人设、不同的产品主次，也就有不同的内容运营规划。因此，针对营销的账号做好相应的内容策划、内容传播、人群和粉丝的有效沟通等，是品牌自播号店自然流量的保障，是号店自驱力的有效展现，也是号店发展自我能力的核心。

第三是要做好号店的流量运营。

有流量才有销量。不同的号店有不同的推广策略，也就有不同的流量推广方法。品牌必须做好相应的流量精细化推动，同时做好对应的推流创新。做好自己的，学习先进的，实现更好的。流量推广是号店的核心竞争力，也是自播营销持续发展的重中之重。

第四是要做好店铺的平台融合。

只有与平台的节奏保持一致，才能够实现平台经营的高效。因此，品牌必须及时与天猫、抖音、快手等直播电商平台多沟通交流，了解策略和玩法，了解阶段性的工作重点和打法，了解平台的需求，了解各个节点的资源整合方式。只有和平台深度沟通、高效互动，才能够确保品牌自播营销走得好、走得快、走得准。

第五是要做好顾客的私域管理。

自播给品牌积累了众多老顾客，品牌既要做好针对这些老顾客的服务，也要做好后续的跟进服务。只有让顾客喜欢品牌，持续购买品牌更多的产品，才能够发挥自播的长尾放大效应。

直播营销的效率，还体现在直播中品牌、达人、产品、推广的配称。

品牌与达人必须配称。这是一切直播合作的基础。只有品牌与达人的直播属性一致，才有销售能力的突破。

达人与产品必须配称。不同的达人，在送品时有不同的主次和能力，在达人选品时，品牌必须为达人提供更加适合的产品组合，做好精细化的产品配套，也就是要提供达人擅长和适合卖的产品。只有让达人和产品高度配称，才能保证销售的高度转化力。

产品与推广必须配称。在消费人群和产品组合配称的同时，品牌还必须研究达人直播推广的方法，知道达人的特色。只有深度了解达人卖货推广的模式，品牌才能够为其提供更加适合的产品和内容，提供更好的话术建议和推广支持。产品与推广的配称确保了直播销售的现场表现力和销售力，也让品牌能够更好与消费者沟通，精准实现品销合一。

22. 如何做好情感营销

品牌需要灵魂，也就是品牌的市场营销要有拟人化管理，要有血有肉。品牌与消费者沟通可以建立情感黏性，创新品牌的情感营销对品牌非常重要。情感营销是多方面的整合营销，需要品牌有规划、有创新、有细节管理，是品牌推广的重要手段。

情感营销的起点是做出能够激发消费者兴趣的产品。

消费者的情感不局限于使用产品的感受，还在于全方位的五感六觉。一个优秀的品牌，往往使人听见名字有联想，看见包装有幻想，使用产品有感想。由此可见，消费者对于品牌的喜爱是以产品的表象为起点。也就是说，产品包装能不能激发他们的兴趣，卖点能不能触动他们的内心，颜值能不能引发他们购买的冲动，都是情感营销的基础和起点。做情感营销，就是要做出能和消费者进行情感沟通的高颜值产品，让消费者一眼能看到，一看就爱上。

情感营销的关键是通过内容营销触动消费者的内心需求。

现在的消费者更加注重消费的自我和个性意识，也就是说，消费者有了标签化的自我认知。因此，和消费者沟通，用消费者认为最动听的声音讲出最好的内容，用消费者喜欢的方式讲出消费者最认可的话，不知不觉、潜移默化地打动消费者的内心、触动他们的内心需求非常重要。情感来自好感的放大，而内容营销就是消费好感的放大器。

情感营销的重点在于做好阶段性的营销主题推广。

在实际营销活动中，品牌往往是拟人化的，我们需要通过品牌阶段性的推广来加深消费信任。但是，广告不能生搬硬套，不能批评教育，促销活动也不能以粗暴的价格促销的方式展开。否则，会让部分消费者觉得品牌“廉价”，和品牌的定位不符，进而排斥品牌。因此，品牌的情感营销要有主题、有场景、有强烈的消费愉悦感。只有将阶段性的推广做得有声有色，消费者才会产生对品牌的情感依恋。

情感营销的突破在于抓住社会时事的热点来借势爆发。

品牌其实也是社会的一部分。因此，如何运用良好的社会效应传达品牌的社会责任，也是品牌情感营销的一部分。品牌通过自己的实际行动来达到更高的价值高度，会让品牌更有温度；拥有更大的胸怀和格局，会让消费者深深体会到品牌的人性化魅力，从而让消费者建立更强的消费黏性。但是，对于社会时事热点，品牌切忌牵强附会，切忌过于重视销售的功利，也切忌名不副实。这些行为不仅不能为情感营销加分，反而会严重伤害品牌。

情感营销的持续在于抓好消费者服务的细节管理。

消费满意体现在多方位的服务，而这些服务细节体现在品牌的促销员、客服等和消费者直接接触的人员上。只有采用更加标准的话术，深化以消费者为导向的模式，采取以提升消费满意度为核心的售后方式，才能为品牌的情感营销锦上添花，让情感营销拥有润物细无声的渗透力。

23. 情感营销如何做到品效合一

在笔者看来，情感营销必须真实、真诚、真心，而不能虚假和虚伪。

品牌同人一样，有血、有肉、有价值观。因此，品牌的行为尤其是情感营销一定是自然而然的，是真实简单的。产品是怎么样就怎么样，绝不能夸大其词；产品有什么效果，就是什么效果，绝不能名不副实。同样地，品牌在和消费者沟通、交流的时候，绝不能忽悠消费者，更不能欺骗消费者，或者对消费者不理、不睬、不顾。真正的情感营销是以情感关爱为起点，而不是以销售为起点。

消费者对品牌同样是“日久见人心”，他们会用心去体会和融入品牌。良好的消费者情感认同的建立可能需要一两年甚至更久，但是一次虚假、虚伪的情感营销可能会立刻毁掉品牌多年积累的消费好感。

情感营销毕竟还是营销，必须重视品效合一的效果。

当然，在笔者看来，情感营销是以情感关爱为起点实现销售，需要一个有效的目标成果评价。做品牌要有爱心，但绝对不是做慈善，不具任何目的的情感营销是没有价值的。品牌管理要做好情感营销规划。在这个规划中，我们要了解哪个阶段进行宣传品牌，哪个阶段进行品牌造势，哪个阶段进行品牌销售，要在规划中明确品牌情感营销的目标，在目标中实现成果，从而让营销既有现实性，又有长远性，形成品牌情感营销的综合管理能力，让情感营销能够获得双倍的效益。

当然，通过品牌价值的聚焦和积累，情感营销才有持续的效果。

情感营销不是放大一个事件，也不是夸大一个理念，其最终目标还是实现品牌价值的积累。情感营销绝不是一次单一的主题活动，而是通过情感传递品牌价值，通过情感体现品牌的精神和理念。在做情感营销的时候，只有勿忘初心，才能让所有的营销行为变得生动，确保有持续的品牌营销价值。

当然，情感营销不是东施效颦，不能看到别人做得好，就一味生搬硬套，变得不伦不类。我们可以有学习和借鉴的精神，但是也要评估情感营销是否值得，是否能够给品牌加分，是否符合投入产出比，是否能够给品牌带来更好的消费与情感的融合。情感营销只有取得实效，才有价值意义。

市场营销，并非每一个优秀的方案都做。只有找到最适合的营销方式，找到最佳的组合，找到最好的品牌价值，才能达成最真实和持久的效果，情感营销也是如此。

24. 什么是话题营销

新消费品牌的发展，或多或少都离不开话题营销的助推。那么什么是话题营销?

在笔者看来，话题营销就是品牌将品牌价值融入热点话题并放大品牌价值，实现消费者对品牌更好的认知，从而实现品牌的突破。

话题营销和情感营销是有区别的。话题营销往往理性大于感性，而情感营销则是感性大于理性。

话题营销其实就是冲突营销最好的加速器。

比如冰泉的话题营销，会结合冰泉的品牌定位和价值推广需要，建立三个话题：第一个话题是口臭和口香的冲突，第二个话题是冰泉口香产品社交生活场景的应用，第三个话题是未来我们应该倡导怎样的精致口腔生活品位。

冰泉从口臭/口腔异味这个话题来展开营销，通过让大家感触到口臭的痛点，或者放大这个痛点，引发如何做好口腔护理的话题，凸显口香和口臭的冲突，从而将话题转化为品牌和销售的推动力。

比如通过社交生活这个话题，引导大家意识到人与人之间的口气清新非常重要，能够保持社交生活中的自信，进而通过这个话题引导消费者，并让消费者知道，好的口腔护理，不仅可以让口腔健康，而且会让自己在社交中更自信。

通过小资生活这个话题，让消费者意识到生活中的精致其实也是人生的一种消费态度，一种生活品位，一种全新的属于年轻时尚一代的消费升级，从而让品牌深入消费者的心中。

这些都是话题营销，而且是主动话题营销。通过话题营销，品牌在消费者不知不觉的交流和讨论中形成了辨识度。

当然，除了主动设置话题外，还有顺势话题。主动话题是品牌推广的需要，而顺势话题是连接时代热点和品牌价值的可融合需要。

有时候，一个社会热点往往会成为“热搜”，引发全民讨论。在这些强关联的社会和生活话题中，我们可以结合品牌的特色打造顺势话题，也就是结合特点话题做主题营销，或者将这个话题转化成附加话题、关联性话题来蹭热点，这也是一种良好的话题营销方式。不过，这和情感营销一样，必须真实、自然和实际，不能东拼西凑或者牛头不对马嘴，否则就会带来反效果，给消费者留下品牌低劣的印象。

话题营销需要品牌管理、内容创新、市场意识、公关宣传四层能力，才能展现品牌发展的正能量！

25. 制定话题营销的传播策略

对品牌来说，有话题，就有关注；有关注，就有成交的机会。话题营销这个武器用得好，就能让品牌快速破圈。在笔者看来，所谓话题营销，选择好的话题很重要，让话题营销有效传播更重要。

要做好话题营销的传播，首先要制定完整的营销传播规划，也就是针对话题营销的主题、主阵地、传播组合方式、传播阶段性目标、整体效果等，建立清晰的规划。只有规划清晰，才不会被打乱节奏。

其次，话题营销传播必须有一个核心爆点。既然是话题，那么就必须具备话题影响力、传播力，并聚焦于一个点去爆破，形成冲击力，也就是要将话题营销一炮打响。话题营销有爆发，才有后续整合营销的实效。

当话题营销引爆以后，品牌必须有整体的、立体的整合传播规划，也就是实行多媒体、多途径的传播放大和扩散。品牌可以在全域人群和媒体扩散，也可以在垂直类的人群和平台扩散。同时，可以结合话题本身的特性去组建更加全面的传播组合，且这个传播是有实效性的，只有趁热打铁，才能实现话题营销传播的最大化。

在做话题营销的过程中，品牌也要避免负面公关，时刻关注话题营销传播的方向和舆情，做好相应的公关预防，确保话题营销朝着正面的推广方向前进。

当话题营销形成巨大覆盖面的时候，品牌要运用 KOL 或者 KOC 进一步加强话题营销的影响力，逐步导向营销平台。这是一种裂变方式，通过裂变可以提高话题营销的传播深度，提升传播的穿透力。

当然，当话题营销起步时，品牌也要注意，不能太侧重销售导向，引起消费者的反感。但是，当话题营销处于成熟阶段时，品牌就要因势利导，抓住时机将关注流量导向销售平台，并将话题营销适当导入契合的平台内部推广传播，从而实现营销效果的最大化。

话题营销是品牌营销管理中重要的、有特色的管理，不宜多用，但是要善于抓住机会，因为营销本身需要在实践中不断提升和创新。

26. 如何做好事件营销

在笔者看来，事件营销可以分为四类：一是事件公关营销，二是事件放大营销，三是事件借势营销，四是事件话题营销。

此前，奥迪的“小满广告”事件成为刷屏热点。之后，奥迪针对这件事的处理就算是一种事件公关营销。面对突发事件，从公关角度来讲，品牌应该有情况说明、解决问题、修复事件、事件转化等多种行为。首先，针对事件，给公众一个合理真诚的说明，让公众真实感受到品牌的诚意是第一位的。其次，不能推卸责任，更不能去指责他人，而是要在还原真相的同时，真诚地解决问题，弥补错误。此外，品牌还应尽量想办法修复影响。修复也需要精心策划，绝不能牵强，更不能虚伪，否则就会适得其反。最后，最高级的阶段就是事件转化，通过负面事件的公关，进一步用事件影响力强化品牌的正能量。这是营销的制高点，也是可遇而不可求的，需要找准机会或者把握好时机。

事件放大营销则是属于正能量一方的，比如牵涉其中的“北大满哥”，通过此事件，实现了“北大满哥”这个人物的传播最大化，站到了传播的新高度。当然，事件放大营销也有另外一种，那就是事件本身对于自己是正能量的，比如王老吉捐款一亿元，鸿星尔克的捐款事件等。这些正能量事件，正是品牌绝佳的放大营销机会，可以通过事件本身的发酵提升企业或者品牌的知名度。

事件借势营销也有两种形式，一种是品牌本身与事件有关联、有话题，可以顺应事件来说事，通过事件本身来借势，提升自己的影响力。不过，这种借势营销属于剑走偏锋的一种形式，有好的机会需要把握，但绝不能牵强附会，或者东施效颦，否则借势会适得其反。另一种形式则是直接参与事件评论，发布有影响力的意见，甚至针对事件持续跟踪报道，借机提升自身势能，比如在联想集团和司马南事件中，张捷教授就可以说是绝佳的事件借势营销高手。

事件话题营销，是将某一事件转化为另一个足够吸引公众的话题，通过话题本身的参与，将与自己相关的话题导入进来，从而实现自己与关联事件的话题营销。这也是一种智慧的营销管理方式，比如当年三鹿奶粉三聚氰胺事件发生后，众多国产奶粉品牌就很好地运用自己高品质的话题，实现了品牌营销的一次全面突破。当然，事件话题营销也要有的放矢，真实真诚，以社会正能量为前提，以社会责任感为主导，以社会价值观为切入点，而不是仅仅注重销售利益导向的。只有这样，事件话题营销才不会破题，才不会将自己卷到事件中去，才能让事件话题营销真正树起正能量大旗，展现正向影响力。

一次广告风波，各有各的热闹，让大家看到了事件营销的众生相。这对品牌来说也是一次学习机会，更是未来创新营销的借鉴。唯有看清世界，保持对这个社会的责任心，保持足够的好奇心和辨别力，我们才能看到更多，学到更多，未来在实践中也能运用到更多。

27. 如何借力打力，做好借势营销

说到借势营销，我们看到最多的，是各种节庆或者热点事件的借势营销，通过品牌观点的输出，引发大众的情绪认同，传递品牌态度。而除了这些形式之外，借势营销还有另一种势可以借，如果运用得好，可以让品牌迎来突破性爆发。

笔者创办的冰泉，一直将创新作为前进的原动力，而借势营销本身就是创新的主要模式。在冰泉快速发展过程中，有两个非常典型的借势营销的案例：其一是内部借势营销，其二是外部借势营销。

首先谈谈内部借势。2019 年 12 月，品牌刚刚诞生几个月，冰泉天猫旗舰店的销售额就一举突破了 1200 万元，冲到了当月口腔类目旗舰店销售额的前五名；在抖音也拿下口腔护理产品销量第一名，冰泉口香糖牙膏（冰泉的爆款产品系列名）荣登抖音好物榜第一名。这个时候，冰泉品牌的势能第一次爆发。借着在这两个渠道的势能爆发，冰泉迅速增加在各个新媒体平台的预算，通过多个新媒体平台将品牌的势能传播扩散，实现了品牌声量和品牌势能的多点放大，迈向了新的台阶。同时，冰泉借着在天猫和抖音渠道的势能爆发，迅速入驻了京东、唯品会、苏宁和拼多多等其他线上平台；在线

下大卖场，冰泉的进场规模和促销规模也乘着这个势能得以扩大。当品牌在渠道的势能进一步向上，冰泉又借势开发了漱口水、口腔喷雾等新品类产品，实现更强的产品渗透力。也正是通过品牌在天猫、抖音渠道势能爆发的多渠道、多品类内部借势，冰泉站到了一个新的营销高点。

外部借势则体现在直播渠道。在2020年年底，国内的直播营销和自播营销开展得如火如荼。洞察到这一趋势，冰泉迅速建立了抖音和快手的电商阵地，打造专门的直播、自播团队，制定了直播、自播的推广大规划，度渠定做了直播专项产品和打造产品组合。同时，针对抖音直播、自播，冰泉明确了全新的内容策略和推广策略，抓住了直播、自播势头高涨的红利机会，从而通过直播、自播赢得了口腔护理品类在新兴渠道的领先和主导地位。正是通过直播、自播的借力打力，冰泉连续两年成为抖音、快手的销售领军者，也将品牌的影响力推上了一个新高峰。

通过这两个案例，我们可看出，借势营销的本质就是中心造势，借势取量。也就是说，面对形势、趋势、发展优势等，品牌可以从渠道、产品、推广、组织管理上全面借势，建立立体的营销借势方案，从而顺势而为，斩获更大的营销胜利。

28. 用场景赋能营销创新

所有的营销都是人货场的重构，只是在线上和线下，要用不同的思维进行人货场的营销管理。

线上讲究的是人货场术，也就是根据不同的消费人群，建立不同的产品组合矩阵，同时根据消费人群的兴趣和喜好采取不同的场景营销方式，而这种场景营销方式需要品牌制定站内站外的流量战术和策略。线上人货场术的精准组合，决定了线上营销的持续增长。

线下讲究的是人货场促。不同的卖场渠道有不同的消费人群，品牌需要设计有针对性的产品组合分销方案，同时策划产品陈列方式、促销场景、促销方案等，实现营销创新。

无论是线上营销还是线下营销，其实都是建立在人与货的动态组合下的场景营销创新过程，也就是需要用场景为营销赋能。

线上的场景需要突破固有认知。

固有的消费往往来自传统的消费认知，不同的品类，已经在消费者心中形成了相对固定的场景思维。因此，线上营销的基础首先是场景营销的差异化，也就是建立竞争差异化。比如在相同的场景模式下，品牌的产品有哪些个性、卖点，如何让产品更有场景触动感和场景诱惑力。这些都需要品牌从基础页面、文案和详情页等方面去强化。

但是，这个基础能力只能让品牌超越对手，而不能实现引领行业或者类目。要想做得更大更强，品牌就必须更新。也就是同样的场景创新，你必须进行消费场景升级或者跨界，跟随消费趋势或者引领消费升级。比如打造各种区别于传统的跨界场景、联合 IP 场景、新精致生活场景，以吸引消费者。想要更好地通过场景赋能营销创新，就要敢于创造和突破场景营销，做出更符合消费新场景的营销推广，达到营销的新高度。

线下的场景则需要品牌与卖场的场景能够引发共鸣，创新新消费场景。

在线下卖场，品牌需要陈列形象的跳跃。基础陈列，决定了消费的转化度，看着好才觉得好，看得到才卖得掉。因此，从传统古板的营销场景中跳出来，就是品牌场景营销的基础。同时，品牌所有的促销活动也必须通过新场景来赋能，不能再以堆头陈列或者端架作为销售主导，更不能以特价、超低价作为促销的噱头，而是要在更有消费氛围的促销环境下，更有消费联想的促销活动场地中，能更好引发消费者心理共鸣的消费沟通中，实现品牌文化的传递和推广，展现营销的新魅力。触动了消费者，就形成了最好的销售转化力。

当然，品牌也不能发明伪场景营销，也就是不要做自以为是的新场景营销，而是要站在消费者的角度，把握场景营销创新趋势。这也是品牌管理者需要不断探索、尝试和放大的。

29. 创新场景互动，激活新流量密码

品牌激活流量密码，变得越来越具有挑战性。通过品牌场景的打造和创新，可以激发消费者的兴趣并引起消费者的关注，调动他们的情绪，赢得他们的认可。在笔者看来，在新场景营销活动中，有效的品牌互动十分关键。

品牌的场景互动，主要包括品牌与消费者的互动、品牌与 KOL 的互动、品牌跨界互动、品牌跨渠道互动。

首先，品牌与消费者的互动，需要通过营销展示、营销话题、私域运营、消费评论和反馈来实现。

在新场景营销中，与消费者互动很重要，因为消费者才是场景理解者。无论是构建新场景营销还是实施新场景营销，都需要最终得到消费者最真实的反应。只有根据消费者的反应去进行改进和完善，才能让新场景营销成为未来的主场景营销。

其次，品牌与 KOL 的互动同样重要，在新场景营销中会有全新的内容模式。品牌在做新的 KOL 内容尝试和推广的过程中，可以得到一手数据，从而知道最能够触动消费者的点在哪里。同样地，在 KOL 推广过程中，收集他们的粉丝的反馈，也是品牌聆听消费者声音的好方法。互动越热烈，营销越有效；互动越深入，营销越成功。

再次，新场景营销往往以跨界为起点。因此，新场景营销可以通过与不同类型的品牌建立跨界联合场景互动，更生动地激发双方客群兴趣。比如牙膏与洗护品牌联合打造时尚的盥洗室场景，漱口水与露营工具品牌、零食品

牌等联合打造露营新场景，与彩妆品牌联合打造唇红齿白浪漫约会推广场景等。无论是产品联合、IP 联名，还是渠道联合或者推广联合，都是品牌与品牌之间的互动打法，可以快速唤醒新场景营销。品牌可以通过这种联合，让新场景营销很快建立起全新的消费认知和消费渗透领地。

最后，在线上不同的渠道之间，新场景营销也可以通过互动实现更大的声势。品牌可以在不同的电商平台，聚焦于一个产品，通过新场景营销集中蓄势、集中造势、集中放大。通过渠道与渠道之间的互动，品牌的新场景营销就能拥有更广泛的影响力。

当然，任何新场景营销互动，都需要策略、技巧和方案。新场景营销互动必须在整体品牌规划的基础上，建立全新的互动内容框架、打造全新的互动媒介等。只有让互动持续，才能真正让品牌的新场景营销具备活力。

30. 通过品牌赋予营销更多的价值感

新消费品牌的核心发展力就是品牌驱动，而品牌驱动的核心能力就是品牌价值。因此，品牌必须赋予营销更多的价值感。如何通过品牌赋予营销更多的价值感？

首先，品牌营销计划必须以价值输出为前提。

在制订阶段性营销计划的时候，品牌不能仅将销量作为目标，还应以品牌价值的提升作为方案设计的原则。也就是说，品牌既要有销售的思维，考虑销量，又要有品牌思维，分析营销计划是否能够保证品牌的基本价值原则。只有二者兼顾，才是优秀的营销方案。

其次，品牌营销活动要更加关注品牌形象和产品利益的结合。

在营销活动实际推动过程中，无论是现场终端的氛围布置，还是产品的陈列形象，或者实地的消费体验，品牌都要突出精致感并能体现出品牌价值。线上渠道也是如此，要保证页面设计、产品形象以及详情页输出拥有符合品牌调性的价值感。品牌形象就是价值。除此之外，在产品页面表达和消费者沟通方面，也要体现产品利益，比如产品能够给消费者带来哪些实效，有哪些差异化价值，是否体现了情感价值的融合。只有得到品牌形象好、产品品质好的认可，品牌价值才能够获得消费者发自内心的认可。

再次，品牌的营销内容输出要强化价值品位。

品牌做内容不能过于哗众取宠，更不能为了突出产品而过于夸张。品牌做营销的目的是让消费者感兴趣和喜欢，所以形式和内容都要让消费者感受到品位。大家看到的是营销内容，品牌收获的是品牌价值的层次。营销的表达其实也是一种价值输出。

还有一点笔者想要强调，那就是品牌的整体营销活动切忌用超低的价格暴力地去表达。必须牢牢记住，我们需要给予消费者实惠，而不是告诉消费者这个产品是低价、低廉的。消费者追求的是相对有价值的回报，也就是在高价值的情况下获得实惠，而不是给消费者留下一个低质、低价的品牌印象。

品牌价值有多维度的表达。做营销活动之前要问一问自己，是否拉低了品牌价值，是否会让消费者觉得低级。在问自己的同时需要给自己一个信念，品牌营销必须始终坚守品牌价值，始终维护品牌价值，让价值成为营销高效的驱动力。

31. 通过社群营销，打造品牌口碑

社群营销发展速度很快。笔者认为，做好社群营销，打造品牌口碑，需要牢记五个要点：

第一是要合理做好社群营销的布局规划。

社群营销渠道特别多，品牌要先找到适合的平台，建立社群合作的平台标准，然后开展自己的社群营销布局。只有整体建立合作认知，从布局上做渠道规划，才不会乱、不会散，才能够有条不紊地高效推进。

第二是要做好对应社群的专业研究，度渠定做品牌策略。

社群有个性和特点，不同的社群有不同的人群、不同的产品重点，也有不同的销售推广方式，更有不同的价值和价格需求。品牌必须针对每一个目标平台进行研究，研究其玩法、推广思路，根据平台的特点来度渠定做合作策略。只有匹配平台，才能够与平台共赢。

第三是要做好社群营销和其他电商平台营销的产品区隔。

社群平台与传统电商、直播内容电商实现有效共进非常重要。品牌绝不能用一个平台去伤害另外一个平台，必须在制定适合平台玩法的策略的同时，做好产品的区隔和平衡，做好产品的配套研究并进行产品的有效组合。

第四是社群营销要主动推进，建立重点战略合作。

既然有布局，有策略，有产品，品牌就必须实行主动管理，也就是要主动与平台沟通，主动与平台建立年度合作战略。只有主动合作才能够做大做强，也只有主动的管理才能形成更好的创新支持能力。

第五是社群营销要做好对应的市场推广配套。

社群营销不是供货销售，而是一个整体的营销管理过程，因此，品牌的市场部也必须参与到社群营销的研究中来，必须建立相应的品牌规范并进行产品推广创新，必须和社群的市场营销方案融合，必须达到立体合作的高度。

32. 用好社群中的关键意见领袖

品牌的社群营销，除了做好产品组合和内容规划外，还需要强化社群中的关键意见领袖（KOL），也就是通过 KOL 来起到领头羊的作用，进而实现社群营销的持续放大、裂变和突破。

其一，在所有的社群营销中，品牌要制订 KOL 的推广计划。在营销的起点，品牌就要建立与社群 KOL 的合作模式，无论是盈利模式，还是商业合作模式，或者是特殊激励模式，都要有专项的推广方案。

其二，针对 KOL 进行品牌渗透。比如冰泉曾经做过社群 KOL 的溯源，请社群头部人员到公司参观，通过对品牌和产品的详细讲解，让 KOL 对品牌更有信心，更有推广积极性，达成合作的持续性。

其三，推动 KOL 进行多种新媒体传播，无论是抖音、快手还是小红书，品牌都要积极推动，尤其要鼓励 KOL 多多直播，通过直播更好地推广产品，更快地实现产品的销售爆破。

其四，为 KOL 提供各项推广内容和素材，包括符合品牌规范、符合产品真实背书和信任状的资料，让 KOL 积累更多更好的品牌素材，构建 KOL 自主创造的资料库，更好地促进他们的自主推广。

其五，要不断放大优秀的案例，互相推荐 KOL 成功的内容模式、优秀的推广方法或者更加有实效的裂变方式，互相学习，实现共赢。

其六，在专项的推广活动中，品牌可以用更有冲击力的激励方式，鼓励 KOL 带领团队冲锋陷阵，甚至可以通过营销对赌模式，让 KOL 的工作更有张力和活力。

社群 KOL，就是能够带领一群人共同推广品牌，共同认可品牌的团队。

对于品牌而言，用好社群中的 KOL，能够实现合作共进，持续的创新共赢。只要与社群的 KOL 心往一块想，劲往一块使，品牌就会迎来更大的营销胜利。

33. 打造线下场景营销

当前，线下各大终端渠道都在变革和转型。这是一个创新的时代，我们过去在卖场看到的促销盛景，今天可能已经无法重演。而现在卖场的促销方式，也需要进入全新的状态。

对于新消费品牌来说，在这样的新环境下，如何打造线下场景营销?

其一，现在的线下场景营销更注重营销美学。

因为堆头更加有特色和个性，陈列更加小资，布置更加注重色彩，所以品牌在线下营销的场景会是一个精致的零售场，而不是一个简单的布货场地。品牌需要将线下的场景布置得时尚和有品位，布置得精致和潮流，要有能够触动人心的惊喜，而不是呆板的产品摆放。产品和场景之间是融为一体的，布置这种场景不一定需要付出多高的成本，但是一定要有美的设计和规划，要有美的色彩和表达。

其二，现在的线下场景营销注重消费沟通和体验。

品牌不能过于强调卖货，BA（业务需求分析师，类似产品经理）不能再将自己当成产品推销员，而应该是顾客体验的服务者。品牌要做的，是提供足够多的产品体验区，规划好产品体验区的各种设计和布置，并协助和引导消费者在体验中去了解产品、认可产品、接受产品，而不是向他们推销产品，这是一种全新的营销方式转变。

其三，现在的线下场景营销会突出新形式组合。

越来越多的销售组合涌现，如有将化妆品和化妆镜结合的，有将洗发水和头皮检测服务结合的，有将口腔检查与牙膏结合的，还有将线上直播和线下推广联动起来的。多样化的形式让线下的场景营销更加丰富灵动，而这些丰富的形式不是为了多样化而多样化，而是一种更好地表达产品价值的方式，作为增值服务推动促销效果。

其四，现在的线下场景营销更讲究线上和线下的互动。

线上下单，线下配送；线下购买，线上送达。多样化的零售方式在卖场上表现得越来越成熟，越来越灵活，让消费者的购物体验更丰富，充分感受到线上和线下的同步服务。甚至还有很多卖场做起了社群推广，让消费者在现场入群，然后卖场通过社群详细介绍和推介产品，让消费者享受到更多福利，并增强对品牌的信任。

其五，现在的线下场景营销会注重专业化的培训。

将产品促销员转化为新消费品牌的导购，需要经过专业培训。因此，在线下场景营销中，我们会看到一些受过专业化培训的服务者，有些还会统一着装，更加注重和顾客的沟通交流，更加注重引导和服务。人员同步升级也是终端营销创新的体现。

线下的终端场景营销，跟随着卖场的变革而变化。卖场的形象在变，品牌在变，推广方式在变，场景营销也要随之而变。唯有顺应趋势，掌握新场景营销，才是线下终端营销的制胜之道。

34. 跨界营销如何实现 1 + 1 > 2

茅台与蒙牛联名推出了两款冰激凌，其中的一款标价 66 元一杯，另一款标价 59 元一杯，首销逾 4 万杯，不到 1 小时就被抢光，引发关注和热议。可以看到，茅台力图通过这种跨界之举，打破外界对自己的传统印象，向年轻人靠近。有人觉得这是噱头，也有人觉得这可能会诞生一个现象级网红品牌。

在以往的跨界营销案例中，有跨渠道合作、跨品类推广、跨品牌联合三种形式，推出冰激凌的茅台，属于跨品牌、跨品类推广的一种。如果说茅台推出冰激凌是在产品上进行了简单的跨界，那么推出了口香牙膏、奶茶香牙膏、冰激凌牙膏等产品，将多种食品口味与口腔产品结合起来的冰泉，则在跨界营销上有更多样化的表现，并不断探索新的形式。

在笔者看来，跨界合作绝不是图热闹，更多的是要有品牌营销的实效。通过跨界营销，品牌能够形成自己的立体营销能力，让消费者更多地感受到品牌的活力和新鲜感。

但是跨界营销需要深耕，这样才会有收获。笔者认为，跨界营销管理，必须从六个细节去强化，才可以实现真正的 1 + 1 > 2。

第一，跨界营销要选择规模市场。

品牌做跨界营销，绝不能找过于冷门的市场。只有将自己的热点和跨界的热点结合起来，强强联合，才有跨界的意义和价值。跨界首先要有共同放大和共同做强的基础，跨界的价值起点在于做好精准的选择，以目标消费者的认知和理解为导向，以市场容量为基础。

第二，跨界营销一定要站在双方的角度去建立共同营销。

做跨界营销最怕两种思维，一种是只站在自己的角度，想着自己怎么做好，不考虑对方的利益；另外一种是自娱自乐，独自推广，没有和对方形成跨界联合推广的合力。这两种思维决定了品牌做不大。我们只有站在对方的角度去考虑共同跨界突破，才能形成合力，才有真正的跨界营销的爆破力，才能真正共同做大。

第三，跨界营销要建立整合营销计划。

凡事预则立，不预则废。跨界营销绝不是随便做做而已，必须有完整的营销计划，建立整体的、立体的营销推广方案。同时，要树立跨界营销的目标并制订对应的项目计划，形成系统规范和具有实效的跨界营销管理模式。

第四，跨界营销要将内容造势推起来。

跨界营销的关键不是推出产品，而是将产品的内容放大，也就是实现与消费者最有效、最有冲击力、最有感染力的沟通。只有让消费者感受到特色、个性、新奇，引发强烈的消费兴趣并创造消费热点，才能获得跨界营销的实效。

第五，跨界营销要与节点大促结合起来。

单独的跨界营销往往很难找到一个放大的机会，而与营销节点，比如“6·18”大促或者“双十一”等相结合，将跨界营销融入一种更强的营销势能中，跨界营销才会更有冲击力，也会有更大的营销能量。

第六，跨界营销要将销售工作落地。

跨界营销首先是品牌创新的表现，但归根结底还是要实现销售转化。将品牌的宣传力转化为渠道的销售力，就需要有针对性的方案和管理。只有将销售工作落地，持续销售转化，实现更大的销量推动，才能推动跨界营销发展。

35. 跨界营销的关键点

很多新消费品牌都重视跨界营销，知道跨界营销能够让品牌更有活力，实现文化出圈和销售模式创新。跨界营销可以说是品牌实现自我突破和升级的重要途径之一。

然而在现实经营中，有很多跨界营销是叫好不叫座，甚至有的跨界营销雷声大雨点小，最终草草收场。由此可见，跨界营销不是简单的跨个界，而是需要有完整和系统的营销思路，并确定精准的跨界营销计划，才能够真正落地和出实效。跨界营销的关键点在于以下四个方面：

其一，跨界营销的品牌之间要匹配。

品牌在选择跨界合作对象的时候，一定要考虑二者之间是否匹配。所谓的匹配在于三个方面：一是两个品牌之间的实力相近，或者差别不大。要记住，攀高枝虽然是一个美好的想法，但很难获得美好的结果。唯有门当户对，才有最终的同心合作。二是两个品牌的粉丝人群相近，品牌调性相符，品牌战略有相融之处。只有相似者才能共赢共进。三是产品之间互补，定位近似，绝不能够对冲，或者毫无话题可言。只有产品配得上、搭得上，跨界才能够连得上。

其二，跨界营销要做有意愿的关联性合作。

品牌在与跨界合作对象匹配之后，要在沟通中达成共同的意愿。只有双方都有强烈的意愿，才能形成强大的合作动力。这个意愿只要对双方都有利，就会有极大的营销推动力。因此，在跨界合作的时候，一定要有如何做好关联性推动的思考，一定要做出能让双方都有收获的规划。单方面的取巧无法形成更大的合力。

其三，跨界营销要有相应的推广销售力。

只是简单地做一个跨界合作，那么跨界就是一阵风。因此，品牌的跨界营销不仅要有联合的产品、联合的方案、联合的创意，还要有整体的联合营销计划，以及在营销计划中做出相应的推广策略、推广预算等。只有真刀真枪地干，才有真实的战斗影响力，才有真实的跨界成功力。

其四，跨界营销必须能够提升品牌价值感。

在跨界营销中，强调了话题，强调了品牌创新力，那么就要注重品牌价值的提升。在活动中，无论是推广还是销售，各种内容营销都必须以品牌价值创新为前提，都必须体现新鲜感、年轻化和活力，形成营销传播力，进一步强化品牌价值力。

跨界营销不是一件事，而是一个项目。跨界营销也不是图热闹，而是品牌和销售的同步创新。唯有谋定而后动，行稳而致远才能获得成功！

36. 如何做好明星营销

新消费品牌大多会选择明星代言人。明星代言人可以让品牌获得更多消费信任，也能够为品牌价值加分，明星营销需要有专业和细致的管理。

品牌在选择明星做营销推广的时候，必须考虑五个要素：

第一，明星的人设要和品牌价值调性相契合。

明星的年龄、明星的人设、明星的价值观必须和品牌的价值调性相契合，只有契合，才能够形成合力，才能够对品牌形成正向推动力。

第二，明星的粉丝要向品牌目标消费者靠近。

明星代言最大的一个好处就是能够获得明星粉丝的认可，因此，品牌的目标消费者和明星粉丝之间能融合也非常关键。只有二者兼容，才能实现明星粉丝向品牌目标消费者的高效转化。

第三，明星的影响力要强。

明星代言的目的是扩大品牌知名度，实现品牌的更大张力，因此，一个持续有热度的明星就保证了品牌的更大推广价值。

第四，明星是产品的使用人群。

明星本身使用产品对于品牌来说就是极大的销售推动力。因为明星有粉丝号召力，这种号召力能形成最好的销售影响力。

第五，明星的成本费用可控。

越有影响力的明星，费用就越高，所以，品牌的明星代言往往需要选择有潜在实力或者有后爆发能力的明星。这样才能实现费用可控，符合新消费品牌的投入产出比。

确定明星人选以后，品牌不是简单拍一个广告，或者做几张海报图就完事了，还需要有深入和细致的推广组合，越全面的推广才越有实效。简而言之，明星营销推广主要包括五个层面的宣传：

第一，明星代言的广告宣传。

好的明星广告代言，需要好的广告创意、好的广告拍摄、好的广告宣传计划。只有这样，才能让广告价值最大化。

第二，明星代言的终端形象宣传。

集中的宣传能够扩大明星代言的影响力。在各个终端卖场、各个节点大促，品牌都要对明星和品牌的 KV（主视觉）进行宣传，而且这个 KV 必须和电视广告 KV 一致，形成统一性。

第三，明星的互联网矩阵宣传。

无论是线上销售页面宣传，还是品牌官方微博、官方小红书、官方网站和抖音、快手短视频宣传等，品牌都要做出不同阶段、不同节点的宣传计划。只有充分利用明星的影响力，才能实现互联网传播声量的叠加。

第四，明星的产品推广和销售融合宣传。

明星联名款产品能够成为爆品。只有将明星和重点产品结合起来，才能收获实际的销售成果。

第五，明星对应节目的合作宣传和公关宣传。

在合作期限内，明星总是会有众多节目要参与，有众多影视剧要播出。针对有影响力的节目，品牌可以借势宣传，甚至可以通过明星的公关团队进行同步宣传，借助明星的热度加持品牌的热度。

在明星营销管理中，品牌只有选好明星，用好明星，将品牌和明星充分融合，才能真正体现明星营销的价值，让明星既能成为品牌的代表，又能传递品牌的价值。如此，明星营销就形成了品牌高速发展的营销爆发力。

37. 如何与权威官媒共创传播内容

新消费品牌有时候有机会与权威官媒共创传播内容，这种机会对于品牌的成长帮助极大。从某种意义上来说，新消费品牌与权威官媒共创传播内容往往对品牌的发展有着极大的营销推动力。具体来说，这种传播有五大优点：

第一，权威官媒往往意味着权威的公信力。

大部分消费者相信权威，认可权威，因此，品牌通过权威官媒发声，对品牌来说是一种强大的信任状，对于广域人群有着极大的品牌影响力和渗透力，甚至能推动渠道的认可力，能建立品牌认知的新高度。

第二，能拥有极强的传播力。

权威官媒本身拥有非常庞大的受众。新消费品牌与之共创传播内容，除了能够依托官媒的科学传播体系实现声量的放大，还能加快传播的速度并达到极好的传播广度。

第三，能引发热点话题。

权威官媒与新消费品牌的结合，本身就是一个让人好奇甚至惊讶的话题，而共创传播的内容则会在这个话题下形成双热点的加持。双重热点就有了双重传播效应，能够增强热点的爆发力。

第四，容易实现裂变和散发。

官媒是严肃的，而新消费品牌又是跳跃的，二者针对的人群虽有交叉但不重合。在交叉中，大部分人会讨论，引发二次传播，形成传播的高效裂变，自然也会实现品牌传播力的倍增。

第五，能推动品牌价值到一个新高点。

新消费品牌与官媒共创，也是一个借势提高自己，拔高自己的机会。通过与官媒共创内容，充分融合，充分互动，新消费品牌会被托起到一个新的品牌高度，实现了镀金，从而更好地建立消费者信任，客户诚信，品牌自信。

新消费品牌与官媒共创传播内容是一种认可和肯定，是一种成功和收获。既然这是一个营销大事件，那么就应该充分做大做强，绝不可将能实现大发展的机遇流失。因此，在这个互动传播管理中，品牌必须把握好细节。

其一，不是随心所欲地去做，而是要把握好的时机，抓住一个符合官媒定位、符合品牌，也符合社会关注点或者彼此能够实现战略高度的时机。只有抓住好的时机，才能够实现共创的效益最大化，确保传播赢在起点。把握天时、地利、人和，顺势而为，自然也就让共创本身就具备了好的传播力。

其二，新消费品牌选择官媒的时候要注意彼此匹配。这里所说的匹配并不是二者的实力，而是二者共创的内容既能够符合官媒属性，也能够融合品牌价值。只有和谐才合拍，也只有合拍才能够共创出最美的营销传播节奏。

其三，新消费品牌与官媒共创必须有共同的营销计划，从话题确定、内容创意头脑风暴、整合推广、后续延伸以及目标和预算等，都必须十分清晰。只有制订了全面的、立体的整合营销计划后才有可能取得成功。任何单点的蜻蜓点水式的共创营销，都谈不上共创，甚至谈不上合作，只是昙花一现的炒作而已。

其四，品牌与官媒的共创传播应该立足于品牌价值，而不是产品销售。也就是说，共创传播不能过于商业化，更不能倾向于销售化，这样会引起人群反感和厌恶，反而让共创传播变得机械、生硬和无效。

其五，在新消费品牌与官媒的共创中，可能会有公关的风险。因此，一方面品牌要对传播内容进行把握，注意尺度；另一方面要防止恶意公关事件发生，避免让自己陷入负面营销的漩涡。同时，品牌要做好相应的公关预案，做好应变管理。

抓住优势去放大，把握细节去走稳，整体来说，新消费品牌与权威官媒的共创传播，是积极的，是拥有正能量和价值导向的，值得品牌积极主动地把握机会。这也能推动品牌获得营销胜利。

38. 如何做好成本控制

新消费品牌经营的成功往往来自两个方面：一是营销推广，二是预算管理，既有支，又有收。收与支的结合体现最终的品牌经营成果。在管理中，我们往往更重视收，而忽略了支。其实，在品牌发展过程中，能否做好预算管理尤其是成本控制往往是品牌能否持续发展的关键。

具体来说，以预算为核心的成本控制主要体现在五个方面：

第一是产品成本。

产品成本控制是品牌最重要的成本控制。对于产品成本，我们必须从六个角度做好周密的管理控制：其一，要从产品开发的起点做好成本规划和预测，把握研发成本。其二，在原料采购上严格控制，通过采购的多项比较和分析选择那些能够长期稳定合作的客户。其三，在生产环节严格控制产品成本，做好计划，提高效率，降低损耗。其四，在产品包材选择上精益求精，确保成本优势。其五，掌握原料和包材的动态管理，随时了解对应的价格变化。当存在相应的降价空间时，要及时降低成本。其六，在产品升级或者产品配方优化时，注重进一步从配方源头做好降本控制。

第二是市场投入成本。

市场投入成本涉及很多费用标准，比如进场费用、陈列费用、流量费用等。对于此类费用，品牌要从源头标准上控制费用基数，从基数上降低成本，从而降低市场费用，实现高回报。

第三是供应链成本。

供应链成本是品牌运营过程中的动态成本，包含大货物流成本、调拨物流成本、仓库成本和快递成本等。针对这些成本，品牌首要的任务是做好对应的物流商的合作，多方对比，实效评估，通过合理的价格控制确保成本可控。同时，做好相应的供应链布局。只有具备合理的物流合作商布局，品牌才能降低供应链对应的中间成本，提高效率从而提高效益。

第四是人力资源成本。

多大的头戴多大的帽子。品牌在人力资源成本控制上就是要抓四个要素：一是根据业务定架构，确保合理；二是根据业务量定人数，确保人效；三是根据贡献定收入，确保产出比；四是根据变动做调整，确保可控。抓好这四个要素，人力资源成本也就可控了。

第五是日常行政成本。

控制日常行政成本是企业行政费用预算管理的要求。日常要建立行政采购信息库，同时，要建立行政采购信息库，通过采购不断询价，做好相应的成本控制。虽然这不是主要成本，却有很多细节可以控制。

品牌成本控制是一个大工程，需要各个部门协同实现。同时，在品牌内部还必须强化廉洁监督管理。只有专业化的管理和严格的监督体系并存，成本控制才能够真实、有效和长久。

39. 新消费品牌如何避免昙花一现

在与一些同行交流时，大家谈到新消费品牌的兴与衰，尤其是一些优秀的新消费品牌的昙花一现，让人叹息。但是，从另一个角度来看，任何成功和失败其实都不是偶然。从这些品牌的经历中，笔者总结出一些失败的原因，希望能给大家一些警醒。

第一，只做爆品，不考虑品牌积累。

有的品牌，看到什么产品好，就马上做什么产品，投机意识非常强，也很会抓风口、抓机会，甚至在技术和品质不可控的情况下，快速上架新产品，还宣称自己拥有极快的市场反应速度，是快鱼吃慢鱼。这样做的结果是它们在短期内取得了销量，但是，每一个产品都没有形成沉淀，都是跟风，都是炒热度，导致消费者只记得它们曾经的产品，而不知道它们的品牌是什么，也不知道它们未来会是什么。当风口消失，爆品热度不再时，它们也就消失在茫茫的市场大海之中了。

第二，超低价、低品质产品，缺乏复购率和持续力。

我们发现部分品牌总是能够做出价格极低的产品，通过低价冲击市场，获得市场转化率，甚至感觉一下子就火了。但是这种低价其实带来的是低质量增长，往往是金玉其外，败絮其中。消费者使用产品后，会有被欺骗感，就肯定不会复购，销量自然不能持续增长。

第三，缺乏长远的品牌规划和产品计划。

我们看到有的品牌的成功来自创新，通过创新，无论是产品销量还是品牌影响力都快速获得了增长，但是很长一段时间后，依然停留在原地，没有与时俱进，也没有推陈出新。过去的新已经成了旧，那么自然就跟不上时代了。

第四，无法应对市场和渠道的变化。

这是一个多变的时代，消费在升级，客户在转型，渠道在变革。部分品牌，在某一个阶段按照曾经的商业模式，或者在某个很火的平台，通过某个很火的达人等，取得了很大的成功。但是当市场形势变了之后，品牌没有转型，没有建立新世代的业务结构组合和市场运营机制，从而无法适应新的经营变化，只能无奈退场。

第五，供应链和后勤管理崩塌。

供应链的成本控制和服务效率是营销管理的关键，后勤支持体系同样是品牌持续前进的保障。有的品牌对这两方面一直不够重视。当品牌高速发展的时候，不注重供应链和后勤看似没带来负面影响，但是当市场出现寒冬时，它们的崩塌往往会导致品牌的倒下。

第六，人才流失和人才管理跟不上。

品牌要成功，要有业务，要有人，所以人才是品牌企业最宝贵的财富。企业如果不具备良好的人才结构，或者没有良好的人才激励和培养梯队，运营往往会陷入困境。部分新消费品牌的昙花一现就是因为处于了无人可用的境地。

第七，财务现金流管理失控。

这是导致新消费品牌倒下的最普遍的一种原因。不能守住钱袋子的品牌是没有未来的。部分品牌，在“烧钱”的时候大手大脚，只看到进账，看不到支出，没有经营和财务意识，受侵蚀而不自知，最终导致品牌的失败。

每一个新消费品牌，要想拥有持续的经营能力，除了坚持品牌价值驱动，渠道结构稳定、营销策略给力之外，还要站在企业发展的全链路去思考和分析，形成自己明确的战略规划和策略经营，去做好自己的精细化运营和管控。所谓的品牌企业管理，其实就是多维度的品牌生命线管理。

增长篇 >>>

1. 打造自己的增长体系

品牌营销管理的核心就是品牌增长。一个优秀的新消费品牌必须保持强劲的增长欲望和增长能力。只有增长才能够始终让品牌位于行业赛道的领先梯队，才能够在强大的市场竞争中实现持续的发展并获得成功。

在营销中，最容易带来增长的是产品升级和新产品机会。

当品牌在某一个产品上做得很成功，同时积累了很强的渠道销售基础时，就需要对处于强势发展期的产品进行升级。升级的方法有很多，但是升级的目的只有一个，那就是实现产品的二次爆发，或者在原有存量的基础上实现新的突破，这是最直接的增长途径。品牌发现新的品类机会或者推出新的产品系列适应市场，也能实现直接增长。品牌需要在增长中找到持续稳定的经营策略。

渠道转型和新渠道开发，也是非常重要的增长机会。

渠道转型，意味着一部分品牌跟不上。自己如果能够迅速适应，就能够抢占先机，实现在对应渠道顺势超车。而在市场变化过程中，总是会有一部分新的红利渠道产生，新渠道是绝对的新增长。当品牌能把握新渠道的拓展，跟随新渠道的增长而增长的时候，也就能够最快实现增量。

把握新流量爆发的机会，也能够实现爆破性增长。

流量有着不可预测性和不稳定性，因此，驾驭流量是品牌营销管理中重要的运营技能。品牌必须时刻关注流量的变化和走向，了解流量的趋势。当品牌在某个产品的某个阶段触达了某个流量新高峰，摸到了流量的新脉搏，找到了流量新打法的时候，就可以强势投入出击，让流量快速转化，让销售冲到一个新的高峰。然而流量爆发是不确定的，有相应的投机性，需要等待最佳的时机。

节点大促一般都会带来大增长，无论是“双十一”，还是“6·18”都有机会。当节点大促即将开始时，品牌就要展开人货场的排兵布阵，迎合和融入，这是极好的增长机会。大增长对应着大投入和大竞争，新消费品牌必须审时度势，合理谋划，做好实现最佳投入产出比的计划，确保增长的实效性。

其实，激活经销商和商业模式创新也是非常好的增长机会，商业模式创新包括盈利模式创新、动销方案共创等。当品牌渐渐成熟、行业形势一片上扬时，激活经销商就是品牌能够一路高歌的保障。

新消费品牌的增长需要基于战略高度，制定相应的策略，实现战术落地，脚踏实地地处理好每一个增长的细节。当团队全员树立增长的理念时，就能在不同的阶段找到品牌增长的多种势能，也就能打起增长胜利的旗帜。

2. 新消费品牌的增长利器有哪些

新消费品牌多增长才能成长，不断成长才能成功。增长不仅需要品牌有策略方法，还需要有利器。所谓管理的道法术器，道是战略，法是策略，术是方法，器就是工具和利器。品牌借助利器才能够制胜。

简而言之，增长的利器就是好产品、好品类、好渠道、好内容、好激励。

好产品对增长的帮助是显而易见的。

一个令人尖叫的产品，无论是颜值，还是功效，都会有极高的市场接受度，都会形成极大的市场推广力，这能让品牌的增长赢在起点。消费者买单最终还是因为好产品。因此，打造产品这一利器，是一个技术活，也是一个艺术活。既要实现高科技、高品质和高功效，又要体现高颜值、高价值、高情感。二者结合，产品就能够成为品牌增长的加速器。

好品类是全新的增量神器。

当品牌找到一个有潜力、有消费机会并顺应了消费升级需求的品类，在这个品类率先发力并成为市场领导者的时候，增长是极其巨大的。洞察一个好品类并立项，然后对其进行整体营销规划，有时候能够起到原子弹般的营销爆破效果。

好渠道是增长腾飞的翅膀。

好渠道无外乎两种：一种是老渠道厚积薄发，另一种是新渠道强势出击。运用好这两种渠道同样能让品牌的销售增长出现大突破。品牌要了解渠道的势能，要通过好渠道建立共进共赢的战略关系，只有这样，品牌才能够借助渠道这个翅膀真正起飞。

好内容让增长变得更加快速。

好内容是可遇而不可求的，也是品牌孜孜不倦追求的。好的内容往往能够激发消费者认知和认购欲望，实现销售成倍的增长。所以，品牌需要坚持打磨内容，坚持创作好内容，坚持创新，在市场实践中测试出好内容，放大好内容。由内容走向流量，从而走向快速的增长。

好激励能够带动好团队，好团队的战斗力就是增长力。因此，好激励能够带出虎狼之师，能够激发人心，激活能量，激励前进。所以设计并落实好激励，就能够让增长成为众创，集众人智慧实现增长。

运用好的增长利器，拥有好的增长策略，就必定能够实现品牌增长。只有不断增长才能够让品牌真正强大。

3. 新消费品牌的多品牌矩阵

随着销售规模的壮大，有些新消费品牌为了覆盖更广、更多的人群，会谋划多品牌矩阵。对此，笔者和大家分享4个观点，希望能给大家带来一些思考。

观点1：不要为了做多品牌而做多品牌，而要根据市场的机会和需要去布局。

从管理的实效来讲，做多品牌之前，一定要先精耕好自己的第一个品牌。以笔者创办的冰泉为例，只有品牌强大了，才有持续的前进能力。但是在前进过程中，我们也不能拒绝进一步做大做强。也就是要根据市场洞察、品类机会、渠道机会或者市场新趋势，创造自己的新品牌发展机会。

要注意，不要为了做一个新品牌而摊大饼，也不要因为想做多品牌而发展品牌，而是要在自己想做的、敢做的、能做的、要做的品牌里面，去找到自己该做的。想做的源头是企业战略，敢做的源头是对市场的深度评估，能做的在于企业的人财物能力，要做的在于企业结合创新时机，对是否推出新品牌进行判断和决策。唯有深思熟虑，审时度势，才能拥有水到渠成的新品牌战略。

观点2：做新品牌一定要有整体的规划和投入计划。

做新品牌，一定要实现“1+1>2”。因此，建立新品牌，一方面不能与现有品牌对冲，另一方面必须拥有完整和系统的新品发展策略，针对新品牌的规划，从生意目标，到产品、渠道、价格和推广都必须清楚明确。新品牌也必须有相应的团队进行有效管理，绝不能顺带为之。同时，新品牌一定要有清楚明确的营销预算，将“一亩三分地”管理得明明白白。

在制定新品牌的营销策略时，一定要有自我创新力和发展颠覆力，绝不能照搬过去品牌的成功经验，而是要结合新品牌自身的需要，找到不断突破自我的前进之路。

观点 3：新品牌一定要为企业发展加分和助力。

做新品牌需要前期的投入和培育，但也要量力而行，绝不能好高骛远，也不能纸上谈兵。实施多品牌战略，必须让新品牌成为企业发展战略中更好的补充或者增量。所以，做新品牌一定要站得高，看得远，而且要有强烈的企业效益意识，绝不能陷入这两个误区：一是为了发展新品牌而限制了老品牌的发展动力，二是为了做新品牌而冲击了老品牌的增长能力。新老品牌兼顾也是企业发展的一种组合矩阵，必须形成增长的合力。

观点 4：做新品牌要尽量考虑关联发展战略。

在新品牌发展过程中，需要借势和借力，实现快速成长。因此，在新品牌发展规划中，我们要尽量考虑企业内的关联性推动，比如产品之间的互相推动，渠道的补充覆盖，价格段的差异层次，营销打法和商业模式的区隔等。关联战略可以让新品牌营销管理更加容易、更加快速，是实现品牌成功的保障。

多品牌矩阵是包括冰泉在内的所有新消费品牌需要思考和谋划的，也是未来一个全新的增长突破方式。唯有多品牌，才有多未来。

4. 找到新的增长极

在快速发展过程中，笔者特别强调企业经营结构的调整和突破。企业管理是一个夯实基础和寻找创新机会的过程，夯实基础在于结构的调整，而找到新的增长极就是企业的再突破。

笔者觉得要特别关注结构化的力量。营销好比建造一座房子，要有地基，有大梁，也要有整体建筑设计。房子的结构是最重要的，只有结构完整、合理，才能够确保房子的稳定和坚固。品牌的营销管理也一样，必须建立符合市场形势、符合品牌发展、符合企业持续发展的实效结构。

罗马不是一天建成的，结构化管理也不是一下子做到的。品牌要结合自己现有的产品结构、渠道结构、价格结构、推广结构、人员结构和支持结构，找到自己最佳的发展结构。找到最佳的发展结构要抓三个要点：第一个要点是基于企业战略和年度经营策略目标的需要，符合自己的才是最有效的。第二个要点是基于企业经营效益和企业价值最大化的需要，商业模式和盈利模式的长期有效非常重要。第三个要点在于符合市场变化和趋势，符合当前市场环境和竞争应对的需要。只有贴近市场的发展结构才是最真实的，才是有价值的。

针对企业当前结构化的发展，每个部门负责人就是最重要的结构调整者，知道自己要往哪里调整，怎么调整，如何有效调整，这也是部门负责人管理高度和水平的体现。在结构化调整中，品牌能够形成存量的增长极，也能够形成现有市场中最新、最好的发展动力。

品牌的营销管理，要牢记“吃着碗里的，看着锅里的，想着田里的”。也就是说，必须寻找增量市场，寻找新市场的增长极。

增量市场有多方面的来源，包括新产品的增量、新渠道的增量，新推广的增量。而打造新的增长极需要品牌把握四个要点：第一，要看数据，通过行业数据变化知道增长的方向。第二，要看竞品，通过竞品知道自己如何去竞争、应对和跟随。跟随创新也是一个新的增长极。第三，要看跨类目，通过跨类目培养自己的学习和借鉴能力。跨类目的模仿创新往往能够带来冲锋式的增长。第四，要自我创新，结合自己的优势去打造自己的强势，形成更强大的实力。自我创新是增长的原动力。

无论是存量，还是增量，品牌都要有强烈的增长意愿和欲望。只有积极主动，不断向上看、向前看，才能够确保品牌始终向前！

5. 新消费品牌要不要走全渠道之路

新消费品牌大多通过线上新渠道获得了新的红利。不过，从品牌的长远发展来说，品牌稳定的发展离不开立体的、精准的、专业化的渠道。

其中，立体指的是线上、线下全覆盖，线上是兴趣驱动，线下是产品信任驱动。而精准指的是要根据品牌的产品、目标人群、购物场所的不同，建立拥有自身销售优势和竞争能力的渠道壁垒，而不是眉毛胡子一把抓地做全渠道或者有货就卖。专业化指的是度渠定做，同频共振，不同的渠道有不同的推广方法，品牌必须结合渠道的创新做出自己的创新。

单一的渠道很难支撑消费者丰富的心智认知。这就好比一棵大树，要有深入地底的根茎，并且得到滋养，才能够永远充满活力，枝叶长青。当品牌的渠道单一的时候，任何营销都是脆弱的。只有构建立体的、全域的渠道思维和管理体系，才能更好地为新消费品牌的成功保驾护航。

笔者 2019 年创办冰泉，冰泉几乎进入了所有的电商主流渠道，既包括天猫、京东这样的传统渠道，也有社交、社群、内容电商渠道。针对所有的渠道，冰泉都度渠定做，同频共振，保证电商全面的渠道竞争力。在笔者看来，电商渠道是针对 Z 世代年轻人的核心销售渠道，因此，冰泉将电商渠道打造成为产品不断升级创新、内容不断深化娱乐、推广不断展现个性的主战场。冰泉在这些线上渠道保证自己与时俱进，在各种新媒体平台，都保持着活力，向年轻人传递时尚潮流的色彩，给予年轻人更多的新鲜度。

在线下，冰泉也进入了主流的大卖场和精品超市，比如屈臣氏、永辉、等。笔者认为，线下的终端能保持消费的持续性，是年轻人尤其是新锐白领等的消费主战场。在这一类战场，品牌通过陈列与形象展示，通过与各个年龄段的消费者沟通，通过给予消费者新的消费理念和活动实惠，让品牌的线下终端复购率更高，顾客忠诚度更高。这样一来，让品牌一方面可以获得销量的增长，另一方面成功地实现了消费者的深度积累，让品牌扎根更深。

6. 由单渠道到多渠道，如何从站住到站稳

这是一个鼓励创新和持续创新的时代，面对不同的新渠道，品牌要有胆识和魄力；面对机会要敢于投入，甚至敢于"烧钱"，但是也要明白，现在敢于投入和"烧钱"是为了未来不"烧钱"，而不是持续"烧钱"。

"烧钱"在于集中重点发力冲锋。该出手时就出手，当机会来临时，品牌不能等待和观望，而要迎头而上，要敢于冲锋和亮剑，真正的营销创领者就是要在机会面前毫不犹豫，敢于"烧钱"。

在"烧钱"之后，品牌需要找到不"烧钱"甚至赚钱的发展之道，也就是要在"烧钱"之后，利用那把火培养多渠道能力，培养各种渠道的收割能力。"烧钱"后没有渠道承接热量才是最大的失误，所以从"烧钱"开始，品牌就要看到不"烧钱"的远方，比如中心"烧钱"，周边取量。

"烧钱"冲锋在于让品牌站到行业的高处，形成强有力的消费认知，打造强有力的消费热点，让更多的消费者认识、认购和认可品牌的产品。

有时候，好酒也怕巷子深，所以品牌必须尽全力集中于一个点，在一个渠道、一个产品上深耕，推动品牌发展加速。

品牌由单一渠道发展到多渠道，有一点非常关键，那就是始终与合作渠道保持战略融合，始终与合作渠道的创新保持一致。渠道要往哪里走，品牌就要往哪里冲，这才是渠道与品牌能够共进共赢的关键。

对于品牌营销管理者来说，首先要做的是渠道管理的基础工作搭建。

基础工作的搭建要基于不同渠道的人货场的布局。每一个不同的渠道，要有不同的人群定位、不同的产品分销标准、不同的促销推广模式。明确了布局，渠道管理才会有条不紊，才会有稳定的基础。布局是起点，也是一个动态的过程，品牌在渠道实际管理过程中，必须不断地优化人货场布局，主动做好产品升级，做好促销创新管理。

其次，要做好渠道管理现状的分析和研究。

品牌负责人要清楚各个渠道和平台的优势在哪里、劣势在哪里、机会在哪里。品牌对渠道的分析和研究，必须基于数据和事实，也必须充分了解竞品和自身的市场地位。只有知道每个渠道往哪里走，才能够知道自己要往哪里冲。

再次，品牌要深度了解渠道和平台的创新战略。

这是一个多变的社会，每一个渠道、每一个平台都在研究如何更好地实现创新发展。对于创新发展，渠道和平台会有各自的年度大思路、大方向，也有各个阶段性的管理转变和要求。在渠道和平台的创新战略推进过程中，品牌一定要了解渠道和平台在战略上如何推进、如何支持、如何进行资源整合。当然，品牌在了解单个渠道和平台的同时，也要对渠道创新有整体认知，知道不同的渠道和平台战略之间的区隔是什么，差异化有哪些，竞争性如何。只有了解和摸清渠道及平台战略，品牌才能明确未来的发展方向。

最后，品牌必须根据渠道发展战略制定更加顺应发展的融合战略。

在了解以上几点后，品牌就要思考如何将自己的基础工作、现状和方向融入渠道平台的战略发展之中，如何实现同频共振。在这个融合过程中，品牌切忌否定渠道和平台创新的可能性，而是要以坚决相信渠道、平台的态度去融合，一起改进、优化。只有无条件融合，才能在变化中找到最佳的状态。

此外，融合也是大有大做，小有小为，有些不为的。品牌必须结合自己的实际情况充分融合。融合的目的是顺势，而不是眉毛胡子一把抓。

当然，品牌在多渠道运营的同时，必须强化产品组合和价格管理。

针对目标消费群和渠道的不同，品牌要做出有共性和个性的产品布局，共性就是有品牌价值共同认知，个性就是有渠道特色，共性和个性兼顾的思维，决定了品牌的产品策略，比如线上线下有不同的渠道产品组合，这个产品组合既要体现品牌的统一性，又要体现不同渠道的竞争力，尤其是个性化产品既可以是专供的产品，也可以是不同组合的产品，还可以是重点倾斜支持的产品。有效的产品组合避免了产品之间的内部冲突，也保证了渠道的销售力，实现了整体渠道的共赢，推动了营销的整体发展。

价格管理必须确保价格体系的规范性。有了产品组合，只是形成了销售的基本面，在销售过程中，品牌还需要建立价格管理的体系认知，并保障其按规范执行。

7. 摆脱流量困局

很多同行和笔者交流时，都谈到了流量困局这个话题。可以说，如何摆脱流量困局是当前所有新消费品牌的核心管理问题。笔者一直认为，保持流量的有序和循环，才是品牌持续发展的关键。

如何做好流量的管理，摆脱流量困局？笔者觉得需要抓住以下四点：

第一，必须做好品牌经营的流量规划与布局。

每一个品牌在不同的发展阶段会有不同的渠道结构和渠道重点。品牌在变化，渠道和平台也在变化，品牌必须在变化中确立不同的流量重点和策略。品牌要结合策略形成自己最佳的流量规划与布局。品牌在起步期，必须集中精力突破某个渠道，集中流量以最具优势的模式展开推广；在发展期，渠道结构多样化，要有多元化、立体化、更有效的流量布局。

第二，必须重视有效流量和有益流量建设。

流量是有限的，也是“内卷”的。渠道平台之间有竞争，各个品牌之间也有竞争。在竞争之中，品牌必须更加重视有效流量和有益流量，也就是要注重流量 ROI 的管理。一方面，品牌要加强单项 ROI 的建设，确保投入产出比；另一方面，要有长效 ROI 的概念，也就是要注重有效流量和有益流量的长期收割。单项 ROI 是点的经营，而长效 ROI 则是面的管理，尤其是新品更要有 ROI 培育的概念。

第三，必须找到流量的高效循环之路。

单一方向的流量是一次性的，这会导致品牌面临高成本。这种高成本会将品牌拖入无限投入的怪圈中。因此，品牌必须找到流量的高效循环之路，也就是要注重消费者的长线管理，提升消费复购率，通过复购摊销流量成本，形成品牌流量的蓄水池。

第四，大力自建流量，提升免费流量。

好的品牌本身就具备极大的流量吸引力。品牌的知名度和美誉度及品牌搜索量本身也是一种“自来水”流量。在这个基础上，品牌要有自建流量的思维，也就是要发挥长尾客户的作用，发挥广泛合作引流的力量。自建流量虽然是一个长期的过程，但却是品牌跳出高投入的流量怪圈的重要手段。同时，品牌要注意通过直营销售平台的人群沉淀、爆款产品销售链接的培育、日常的消费者互动建设，形成强大的免费流量收割能力。获得更多的免费流量是品牌提高经营效益的重要保障。

流量管理是一项科学、专业的系统化工程，需要品牌管理者了解经营结构，了解投入创新，了解市场变化，了解新的趋势，了解如何应变和重组。

8. 用好价格这个武器

对品牌来说，每推出一个系列的产品，都会根据价值体系，建立相应的价格体系。厂商合作是互惠互利的，厂商合作的长久性在于盈利模式的稳定性和持续性。建立价格体系既是品牌持续发展的需要，也是厂商共赢发展的基础。因此，品牌一定要做好对价格体系的管控，将价格体系管理作为品牌经营管理的核心要点，用好价格这个武器。唯有重视价格体系、重视市场秩序的管理，才有成功的未来。维持市场秩序和搭建价格体系必须从以下六个方面入手：

其一，品牌价格体系的规范化是建立品牌市场秩序的起点。

品牌在渠道管理中，既要体现出不同渠道的产品推广重点，打造不同渠道的产品优势，又要在确保渠道之间的政策平衡和价格可控、渠道公平的前提下建立有效的市场秩序。价格体系关乎着产品的盈利模式，品牌管理者要根据不同渠道的产品组合制定相应的价格管理规范，甚至要明确哪些渠道可以做哪些促销。只有完整的、有差异化的、有融合力的价格体系，才是产品可持续销售的保障。

其二，对产品动效能力的把控是建立品牌市场秩序的关键。

好卖的产品不乱价。因此，品牌在营销管理中，必须遵循不压货、不断货的销售原则，确保销售的畅通。

其三，市场管控能力是建立品牌市场秩序的保障。

品牌既要有价格管理的高度，也要有价格管理的意识，可以经由专门的控价团队、市场监察人员，制定规范的价格管控制度。同时，品牌可以和所有的客户签订价格管理补充合同。当然，品牌的价格管理无法独立实现，而是需要和全体客户共管共建的。只有实行全员价格管控，才能实现全员持续发展。

只有主动进行价格监控，才能够形成管理的威慑力。对于出现价格冲突的情况，必须严格地执行处罚。只有大家都做到令行禁止，才有价格管理的“长治久安”。

其四，价格管理的快速反应是品牌市场秩序实效的体现。

当市场出现价格问题的时候，品牌绝不能随意处理，更不能拖拉，必须快速做出反应，第一时间做好相应的处理，严格按照制度，严肃对待违规行为，快速有效地避免价格体系出现更大的问题。

其五，特殊活动和支持必须以价格规范为前提。

品牌经常会遇到一些特别重要的促销活动，或者是一些特殊渠道的要求。要记住，可以对一些活动做出让步，但是在价格规范面前不能够退让，必须保障整体利益，也就是可以有原则地支持，绝不能无原则地破价。

其六，要从源头上做好价格管理。

品牌必须从源头上做好价格管理，品牌不同销售部门对应的销售总监就是第一责任人。只有自上而下管理，才能够真正地管好价格，管住价格，才能够保证价格管理的真正落地。

只有价格管得住，生意才守得住。

9. 通过资本为品牌发展赋能

新消费品牌要想实现快速发展，就需要资本的助力，通过资本的助力，就可以为品牌插上腾飞的翅膀。我们可以发现，在很多新消费品牌发展的背后，都有资本的助力。

笔者创办的冰泉，创立三年，经历了三次融资。也正是这三次融资，让冰泉不断突破和跨越，不断攀登到新的发展高度。资本赋能不仅是一个拿钱和花钱的过程，更重要的是品牌要与资本深度融合和借势借力。

资本是助力方，绝不是主力方。因此，品牌融资，一定要在市场的风口和企业迎风而上的时候进行。当品牌处于快速成长期，面临极大的市场突破的机会时，需要尽快借助资本的力量，快速投入，快速冲锋，从而站上发展的新高峰。

当然，品牌融资有时候也是基于竞争的需要。在强大的市场竞争面前，品牌在应对竞争、接受挑战时，需要借助资本来提升自己的实力和市场竞争力。新品牌必须构建自己的竞争壁垒。

资本对于品牌内部的数据管理、供应链管理和专业化管理，包括人才引进等，都有着极大的帮助，能够提升内部效率，从而形成更强的市场快速反应能力，让品牌拥有更强大的支撑力。

当然，品牌还可以通过资本方的力量，实现企业管理的规范化和系统化。

其实，资本除了助力品牌的提升外，还可以助力品牌管理的升级。优秀的企业，无论是内部管理还是系统管理、财税管理等都是合规、高效的。通过资本助力，企业可以有更开阔的视野，对管理也会有更高的要求。品牌可以通过顺应资本的体系要求，完善自我体系。

资本方还可以为品牌营销赋能。

资本方投资了非常多的企业，那么我们也可以加入资本的投资圈，通过投资人认识更多的同行，或者其他优秀的企业。被投企业之间可以互相学习，互相合作，可以融合和借势，为品牌营销赋能。

资本可以让品牌实现增值，迈入资本化赛道。

资本投入的目的是利益最大化，而体现在品牌上则是价值最大化。品牌通过资本的投入提升了价值，也让自己有了资本化发展的压力和动力，有了新的发展目标。品牌将随着价值的提升实现市场化。

对于资本的合作和赋能，新锐发展型企业也要注意选择那些有长期发展意愿、有现代化新消费理解、有合作共进共赢意识的资本方合作。资本与品牌合作也是一个双向选择和双赢的过程。

10. 在不同的发展阶段，制定不同的增长策略

新消费品牌在创立之初，就需要制定不同阶段的发展战略。战略决定了发展方向和方法。制定战略规划时，要记住一个核心点，就是制定不同阶段的增长策略。

从专业管理和运营逻辑上讲，新消费品牌的发展可以分为初创期、成长期、发展期和成熟期。在这四个不同的时期，品牌可以实现不同的增长。

在品牌初创期，增长的方式主要是铺货和占位。

新产品进入新渠道，这个时候是从0到1。品牌可以通过铺货分销来占领渠道，占领货架。品牌通过渠道曝光实现稳步的增长。不过，对于这种增长，品牌也需要保持警惕，因为它可能会形成增长的循环，也可能会使品牌陷入增长的陷阱。一旦动销不畅，就会产生销售渠道的“肠梗阻”，让品牌陷入困境。铺货和占位是为了形成销售的正向推动力和自转力。

在品牌的成长期，增长的方式主要是单点造势冲量。

在形成基础销售循环的时候，品牌开始稳步增长。这个时候，我们需要一把火，那就是尽快选择单品单点造势，也就是在某一个时间点冲击某一个势能渠道的产品销售量，大投入或者借势投入，一下子将火烧起来。这种单点的销售势能往往能够起中心造势的作用，带来的销量增长一般是突破性和颠覆性的。

在品牌的发展期，增长的方式是多点造势，周边取量。

当品牌形成了势能、有了影响力、有了发展原动力的时候，要做的就是

扩大规模，一方面在更多的点造势，另一方面通过单点造势，周边取量，形成更多的面。这个时候，更多的火炬就照亮了更多的渠道。同时，品牌可以开发出更多适应渠道的新产品，将“旗帜”插遍全中国。多开发新渠道和新产品，就能带来更多的品牌销售增量。

在品牌的成熟期，创立新品类和新品牌就是最好的增长。

品牌进入成熟期，也就代表获得了一定的认可，拥有了一定的市场地位。这个时候，品牌除了在存量市场做精、做细、做透，实现增长以外，更重要的增长是创立新品类和新品牌，新品类能够激发新的消费需求，带动新的消费人群，实现新的渠道布局和发展，也能够与老品类形成叠加效应。而新品牌则是一个全新的战略起点，因为，新品牌意味着全新增长的开启，虽然会付出更多，但是会让品牌拥有再造一个成熟品牌的机会，有望迎来新增长。

11. 如何成为长线赢家

在新消费品牌的发展过程中，会面临各种机会和挑战。在笔者看来，品牌的基业长青和机会创新是相辅相成的，只有抓住机会创新，才能够成为新时代的长线赢家。

要想基业长青，就要做好品牌重点的精耕，包括品牌价值、产品升级、精细化推广等。要想抓住机会创新，就要多结合新事物，了解新营销，推行新策略，采用新打法。

品牌价值驱动是品牌持续竞争力的体现。品牌必须有清晰的品牌定位，完善的目标消费者管理体系，明确的品牌价值内容框架以及实效的价值配称。做品牌不是简单做一个产品，而是经营品牌的长期价值，所以品牌所有的行为都不能偏离品牌价值驱动，要结合市场做出灵活化的营销管理。品牌必须经得起诱惑，耐得住寂寞，不忘初心。

产品升级则包括在品牌价值体系下的老产品升级和新产品开发。产品代表着品牌经营的活力，品牌是消费新鲜度和灵活度的体现，消费者通过产品爱上品牌，因此，产品的颜值、价值和使用体验非常关键。品牌必须围绕目标消费者做出让人尖叫的产品，做出让他们喜爱并持续购买的产品。

精细化推广则是通过数据驱动、人群分层，做出精准的分渠道运作。精细化推广体现在精确，必须有强大的 ROI 管理；细致，必须抓住每一个产品和节点的营销时机；系统化，必须有整体长线管理。

要想保障基业长青不能仅在存量市场去守，还要有进攻思维。也就是说，品牌必须时刻关注市场趋势，了解市场新变化，了解行业新格局。通过对市场深度的洞察，品牌要勇于尝试各种新玩法、新打法，找到提升和增长的捷径，形成发展的全新策略，实现自我超越和突破。

当然，创新不等于折腾。所以，品牌要抓住机会创新，也要避免伪机会。对于那些投入大、产出少，“好看不好做”的机会，品牌要有辨别力和认知力。对于其他品牌的优秀做法，品牌也要学会“拿来主义”，取其精华，去其糟粕。品牌要在创新中有精准的分析和判断，知道哪些适合自己，哪些是不可行的。创新既是加法，也是减法，可行可控、合理兼顾，才是制胜的王道。

对品牌来说，要想成为长线赢家，就必须打好基础，守好地盘，抓住创新机会，锐意进取。这是一个充满不确定性的时代，品牌必须在不确定的市场环境中坚持前进，做好存量，追求增量，找到那个更好的未来。

12．高效的组织运转能力

完善的组织管理体系，是企业整体的组织能力的保障，是管理和业务得以推进的动力。企业必须重视组织管理体系。

不过，对新消费品牌来说，多大的头戴多大的帽子。人才既不在于多么卓越和优秀，也不在于多么有执行力，更不在于有多年轻，而在于是不是匹配企业文化、是不是适应企业的经营发展现状、是不是符合企业的业务发展需求。

业务决定组织，组织支撑业务。

业务决定组织，是指企业要以关键业务为核心搭建组织框架。做什么，谁来做，形成管理的配称。每一个部门都有自己的关键业务，以及对应的重点业务目标板块，因此，企业必须根据业务重点来设计自己的组织架构，以业务为导向组建自己的业务团队，这是高效管理的基础。

组织支撑业务，是指企业要配套相应的组织职责、组织编制、组织管理体系、组织激励体系来推动业务发展的最大化。

组织体系是为企业的战略规划服务的。因此，企业每个部门必须有明确的管理目标，明确相应的组织职责。每一个总监、主管，甚至员工都要做到职责明确。同时，为了推动业务部门目标的达成，需要建立相应的流程、考核激励体系，从而为实现业务目标提供保障。组织体系必须简单、明确、实效，也必须牢牢围绕企业的业务目标的达成来设计和谋划。组织体系不在于多，而是注重精细化、专业化和高效化。通过阶段性的数据评估，不断优化组织，强化绩效管理，让团队成员能够更好更强，让团队的人效最大化，也让团队更有战斗力。

企业每一个中心/部门能否自动运转，关键在于负责人能否针对工作目标整体统筹。

中心/部门负责人对于企业年度战略、品牌年度战略、部门的年度策略，必须清楚。同时，在年度路径发展过程中，为了达成目标，每一个季度、每一个月度要如何排兵布阵，负责人也必须做到心中有数。

企业每一个板块能够自然协同，关键在于负责人清楚工作计划和流程。

业务和组织的结合就是计划管理到位、流程管理有实效。因此，中心/部门负责人如果能带动团队制订整体和个体的工作计划，尤其是月度和周工作计划，形成共同的前进力，实现内部最好的配合、外部最好的联合，让流程更加高效，让事情更加有效，那么每一个中心/部门的管理就会井井有条，管理目标可控。

企业每一项业务能够积极推动在于中心负责人高效的“盯、关、跟”。

企业的目标是靠具体的业务来实现的，而这些业务从开始到结束，中心/部门负责人必须密切“盯、关、跟”业务过程是否有问题和偏差，关注业务难点及时给予支持和帮扶，跟进后续改进的情况，了解工作是否有效提升、是否紧扣目标。这些内容反映了中心/部门负责人的管理驱动力，反映了管理者的强大推动力和工作效率。

每一个成员都能够积极主动，是中心/部门负责人团队组织能力强大的体现。

团队必须上下同心，中心/部门负责人需要认真思考如何激励团队，如何激发团队的整体积极性，如何带动团队实现共创共进共赢，如何确保团队成员快乐工作。有团队士气才有气势，而气势就势必能够让目标达成。

消费者运营篇

1. 消费人群需要运营

如今，品牌洞察消费者的方式越来越多，这些方式可以让品牌更高效地了解消费者，甚至可以实现线上线下消费者运营的一体化。通过对消费人群的运营，品牌可以更清晰地知道自己的消费者是谁，有怎样的消费者画像，潜在消费者在哪里，可以将自己的消费者分层、分级、分类。知道自己的消费者是谁，就知道了自己经营和运营的方向。

通过人群分析，品牌一方面可以更高效地选择运营渠道和运营工具，发展更多的消费者，另一方面可以根据不同渠道的互动，精准锁定消费者的需求，做好产品的组合策略。品牌只有更好地满足消费者，或者给潜在消费者提供他们需要的产品，才能真正实行以消费者为导向的经营模式。同样地，品牌的产品组合策略也是根据消费者的分层、分级、分类设计的。

消费者和品牌之间通过沟通来达成交易，因此，品牌又可以根据消费者的特点和产品的特点，做好推广设计、流量运营，通过精准的触达和有深度的内容沟通，消费者对品牌和产品不断产生更多的印象和好感，深化了品牌和产品的关系，也就提升了流量。

在这些互动过程中，品牌还可以有效激活“沉睡”的消费人群，提升消费人群的留存率，有效降低消费人群的运营成本。

通过对人群的运营，为品牌的营销拉新。通过举办活动，赋予老顾客和新顾客不同的利益点，以老带新，实现消费人群的扩大。

有流量还需要转化。品牌如何让消费者流量更好地转化，除了技术工具的运用以外，还要在品牌价值管理和促销管理上下功夫。转化如同足球射门，只有高转化才有高收益。

品牌对线上线下消费人群的运营效率越高，对品牌的产品开发、渠道布局、营销拓展的指引价值就越大，越有利于提升消费者满意度，从而为品牌发展赋能。

2. 如何运营新消费品牌的人群

关于人群运营，笔者认为有两大核心：一是基础，二是策略。

人群运营的基础就是人货场重构，精准规划。

将品牌产品和渠道的人货场框架进行整体梳理，形成全新的人货场布局，是品牌人群运营的起点。这个起点需要站在全局精准规划，也要结合品牌的实际甚至结合阶段性的变化不断重组和优化。有了这个基础前提，就可以有效实现品牌的人群运营。

人群运营的策略，笔者总结了 24 个字：数据驱动、人群分类、内容为王、精准投入、深化会员、情感价值。

数据驱动讲的是要了解大数据，分析平台数据。通过数据分析，知道自己人群运营的现状、偏差、优劣。只有用数据和事实说话，才能看清人群运营的路，才知道人货场框架的对与错，才知道如何制定人群运营的全新策略。

人群分类则是要求品牌针对自己的老顾客和目标新顾客，结合平台的分类进行更加完整和全面的再分类，结合这个分类分析自己的人货场结构的合理性。通过分类，不断实现人货场的重构。

内容为王则是根据不同的人群设定不同的内容规划。这个内容规划既包括创意，又包括产品，通过打造好的内容强化品牌和不同人群的沟通，实现人群的高效触达和转化，从而提升人群运营的活跃度。

精准投入则是在市场推广过程中，根据自己的目标人群做出更多的精准靶向投入，从而强化人货场结构营销，实现最好的投入产出比，让营销效率和效益更高。

深化会员是发展更多粉丝和会员，形成更强的顾客黏性，实现更多的销售复购。当然，会员管理不是简单的入会管理，还需要针对会员制订完整和系统的会员管理方案，做好日常的会员服务和沟通，提升会员的忠诚度，从而让会员成为品牌消费的主力军。

情感价值是品牌在人群运营中的专业管理要求，也就是要和不同的人群进行精准的沟通，以价值运营为核心推动人群对品牌的认知和认可。

新消费品牌运营，得人者得天下，品牌必须在人群运营的人货场基础上，不断强化运营策略。抓住消费者的心，就是品牌最好的“成功经”。

3. 积累品牌的“超级粉丝”

任何一个品牌的成功，都源自消费者经营的成功。所谓消费者经营，其实是一个整体、系统的管理过程。

品牌的消费者运营必须具备“超级粉丝”的运营能力。其实，AIPL（认知、兴趣、购买、忠诚营销模型）就是消费者全链路管理的精准模型。这个模型让品牌知道自己的粉丝管理状态，可以更有针对性地提升粉丝运营能力，从认识、认知、认购到认定，形成持续的粉丝循环。那么，如何去积累品牌的“超级粉丝”？

其一，必须建立粉丝蓄水池。

如何触达消费者？如何激发消费的兴趣？这不是一个简单的“种草”过程，也不是一个简单的内容推广，而是要结合现有的消费人群画像，结合未来的消费者推广目标，去做出更加全面和系统的消费推广。精准的消费者加上精准的内容和途径，就能够让品牌扩大推广规模，也能够让品牌的粉丝数量越来越多，从而建立品牌更大的粉丝蓄水池。

其二，做好粉丝的持续沟通和唤醒。

粉丝的消费转化才是品牌营销的关键。因此，品牌一方面要不断激发新消费人群购买的欲望，不断推动销售转化率的提升，让更多的人从喜欢品牌到爱上品牌。同时，品牌要不断唤醒已经购买过产品的粉丝，通过新产品和折扣提升消费者的复购能力，提升粉丝的消费热度。

其三，建立专业和实效的粉丝管理体系。

粉丝管理不是简单地发信息或者推送消息，更不是拉群不断地发促销信息。这样的管理是粗犷的，没有价值的。品牌必须建立专业和实效的粉丝管理体系，如何管理粉丝，如何与粉丝沟通，如何建立品牌、产品的沟通内容池，如何维持粉丝的兴趣和热度，如何让粉丝感受到品牌活力和魅力，都需要有整体的规划和创新的推广。只有让粉丝在兴趣中得到乐趣，在乐趣中感受到温馨，品牌才能和粉丝形成真正的黏性。

其四，让粉丝尤其是“超级粉丝”拥有更多更好的服务。

针对特殊的粉丝，或者长时间复购的和高客单粉丝，品牌也要有专项管理以及有针对性的高端粉丝服务，给予粉丝特权，让粉丝产生强烈的关爱感和骄傲感。高端超级粉丝的强黏性，就是最好的销售积累和宣传，可以获得最好的口碑效应。

其五，品牌可以以粉丝为导向建立产品反向开发体系。

一方面品牌需要主动服务粉丝，另一方面可以将粉丝作为品牌营销的风向标，通过市场信息反馈、市场建议和产品建议，了解更多更新的需求。同时针对这些需求，品牌可以反向优化产品，反向开发新品类，顺应粉丝的需求升级产品，从而让粉丝成为品牌坚定的忠粉。

得消费者得天下，爱消费者爱未来。唯有对消费者的持续精耕，才能够迎来品牌更大的营销胜利。

4. 激发品牌用户增长的要素

优秀的新消费品牌，往往在发展的初期就积累了大量的用户。新消费品牌如果持续开拓创新，让老用户复购、新用户转化，就能带来持续的用户增长。那么，有哪些激发品牌用户增长的方法呢？

笔者总结了一下，大致有七大要点：

第一，大广告。

有实力的新消费品牌，选择一个好的电视栏目冠名，或者集中在重点核心媒体投入大广告，是最简单、也是收益最大的用户增长途径。它的核心是广告投入准，广告投入大。

第二，产品品质提升和卖点创新。

当产品拥有了一个全新的技术和卖点，并且卖点又特别切合市场趋势和潮流的时候，会增加大量追求时尚、追求新功效、追求新科技的用户。抓住了市场用户需求的脉搏，就能与市场实现极大的共赢。

第三，产品内容推广的创新和灵动。

一个好内容能打动消费者的心，好内容的绽放和爆发，往往能够形成多米诺骨牌效应，带动点的爆破和面的爆发。好内容不仅能形成极强的品牌价值传播力，还能够形成极强的产品销售转化力。这个时候，用户的大量增长就水到渠成了。

第四，更好的品牌和产品信任状。

品牌有好的评价、好的认证，就能给消费者极大的信任感，或者能够获得消费者极大的认同，一些强势明星的代言，甚至能让品牌形成非常好的推广转化力，同样也能够实现用户的持续增长。

第五，更强的品牌公关事件。

优秀的品牌都注重公关活动，或者事件营销。拥有正能量的品牌能得到更多消费者的认知、认可，也能让消费者认同品牌理念，从而产生消费行为。这样，用户的增长也就自然而然了。

第六，更多的渠道拓展力。

拓展更多的渠道，建立更多的销售触达点，让更多的人能看到、买到，品牌的用户增长也就成为必然。

第七，更顺应趋势的新产品、新渠道能力。

当品牌推出十分符合时尚潮流的产品或者品类，或者顺势构建一个新渠道的时候，就能够获得更多的增量，获得用户增长。只是这需要品牌把握时机，拥有精准的推广策略。

总而言之，很少有品牌能够兼顾这七点。优秀的品牌，会结合自己的实际，找到那个最适合自己的增长点，实现用户增长。

5. 将消费者转化为粉丝的路径

一个消费者，只要喜欢、认同品牌，品牌就有机会将其转化成粉丝。而当消费者成为品牌的粉丝，就会记得品牌，有持续的复购力，甚至会非常乐意把品牌推荐给其他人，成为品牌的“自来水”，或者说口碑推荐官、好物种草官。

一些品牌，因为更懂年轻人所想，所以他们将年轻消费者转化为粉丝的方法更有感染力，更有效率。这些品牌会根据不同平台的调性和特点，规划不同的活动，运用不同的工具，调动消费者的参与性，提升粉丝转化的效果。

笔者总结了将消费者转化为粉丝的路径：

其一，给消费者提供超值的利益点。

这种路径最直接，应用最广，效果最明显。比如在冰泉天猫和私域运营中经常用到的入会享福利、0 元尝新、入会优惠券等，都能很好地刺激目标消费者，从而将其转化为品牌粉丝。通过此前成交的包裹卡，后续的短信推送、千牛消息推送等，结合一些新的粉丝专享机制，也可以很好地引导消费者成为粉丝。

微博中经常用到的则是转发抽奖活动，通过实实在在的极具价值的奖品刺激，吸引消费者关注并转发品牌信息，实现裂变传播和粉丝增长。

当然，使用这种方式，需要品牌在策划相关活动时，有相应的投入产出目标和合理的费用把控，才会有更好的效果。

其二，打造超越预期、有惊喜感的产品体验。

这种路径，则是最有效的粉丝转化方式，用实实在在的产品俘获消费者。只要让消费者获得了超越预期、有惊喜感的产品体验，就能触动消费者，使其快速建立好感，成为品牌的忠实粉丝。

比如茶颜悦色为了给消费者提供更好的体验，提出“一杯鲜茶的永久求偿权”，如果消费者觉得在茶颜悦色喝到一杯出品不标准的饮品，在任何时间、任何门店，出示饮品照片及小票，店员即会免费为其重做一杯。

小米在创立初期，就瞄准“手机发烧友”这一群体，主动与他们交流互动，定期举办粉丝活动，打磨迭代产品，进行精准宣传的同时，培养了众多忠实粉丝，使他们自动自发为品牌发声宣传。

其三，输出品牌价值观，彰显品牌的魅力。

通过这种路径获得的粉丝，会更有品牌归属感，更有情感黏性。在这一方面，珀莱雅有很多出圈的表现，通过价值观输出，实现品牌“圈粉”。

比如 2022 年开学季，珀莱雅联合中国教育电视台，共同发起“萤火计划——反校园霸凌公益行动”，并特别推出反校园霸凌公益影片，为被霸凌者发声，传递“在校园霸凌面前，再小的事，也当回事”的价值观，相关话题阅读量过亿，在线上线下都引发广泛关注和思考，狠狠“拉”了一波品牌好感度，并实现了粉丝增长。

类似地，在妇女节、母亲节、七夕等节点，珀莱雅都有不同的表现，都是通过社会议题，输出自己的价值观，引发情感共鸣，彰显品牌的魅力。

此外，一些能满足大家情绪价值的活动策划以及内容输出，也是品牌出圈，获得粉丝的路径之一。比如2022年3月魔方严选在微博上发布的一条5万元不用上班的招聘信息火了，互动量和讨论度暴涨，获得近200万次的转发，这其实彰显了品牌对“躺平”的大众情绪的洞察，切中了大家的痛点，在收获了粉丝增长的同时，大大提高了品牌知名度。

6. 不容忽视的售后服务

品牌要想实现更大的成功，第一是客户，第二是客户，第三还是客户。

笔者一直和团队强调，营销的本质是客户体验最大化。一个好的产品体验，就能带来消费者对品牌的持续认可和认定，给品牌带来更多更好的消费积累和品牌沉淀，这也是品牌成功的核心。

客户体验除了销售沟通和产品使用感以外，售后服务是非常重要的一环。

我们通常讲的售后服务，其实是综合整体的工作，包括合作客户售后服务和消费者售后服务。

合作客户售后服务包括物流服务、商品服务和财务服务。

针对每一个经销商，品牌的销售经理首先要做好售后服务。从处理客户的订单到发货、到货，销售经理必须做好跟进、协调、衔接和确认工作，了解客户的需求，知道客户的问题，协助客户解决问题，只有让客户在物流上省心，才能让合作更开心。

有时候会有一些临时性或者特殊性情况出现，销售经理同样要知道客户的状况，了解客户的烦恼，针对客户所有的信息反馈和要求快速做出反应，及时处理。

客户合作中，既有政策的支持，有时也会涉及费用的管理。品牌必须将政策落实到位，让客户通过政策推动合作的发展。同时，财务服务也是厂商合作的关键。针对客户的核销手续，做好沟通把关、核算跟进，做好争议的处理和协调。

消费者售后服务有800热线服务、产品询单服务、快递服务和产品信息反馈服务。

消费者售后服务中，800热线服务是最基础的工作，也是消费者信息反馈的第一阵地。因此，品牌必须重视800热线的管理。做800热线表面上是做简单的接电话工作，但实际上承担的是消费者沟通和消费者争议处理的角色。做好800热线工作，是企业质量管理的重要保障之一。

在线上营销管理中，品牌会涉及大量的消费询单工作，这是高强度的专业化服务，负责人除了必须了解产品知识、产品特点以外，还必须了解各种促销方案、物流状况，了解各个节点的促销整合建议。询单不仅是一种沟通，还是一种推销，推荐更多更好的商品，实现快速成交，才是客服询单管理的要求。这是一个有目标、有策略、有阶段性重点的关键管理。

产品信息反馈也非常重要。品牌每一级人员必须及时反馈得到的产品信息和意见，根据客户的意见有效改进，实效提升，做出更好的产品，做出消费者更加满意的产品，才是最真实、最有意义的客户服务。

7. 给产品和服务“加码”

好产品才能成就好品牌。对品牌来说，不仅要做好产品开发和技术升级，还要做好产品的全域管理和服务，只有这样才能让品牌具有更鲜活的生命力和更强大的吸引力。

所谓产品全域管理，就是指产品立项、产品研发、产品上市、产品销售跟进、产品反馈、产品升级等全链条的专业化管理。

产品立项是基于品牌战略规划和阶段性策略展开的，同时要结合各个渠道的市场需求，建立更加贴近市场的产品体系。一个品牌经营成功的关键在于拥有有竞争力的产品矩阵，而高效和有实效的产品立项是产品管理的起点。

做产品并非出个包装、推个概念就够了，还必须有充分的研发过程，从产品的设计、配方到消费试用，以及产品本身的技术信任状和评价，都要经过充分的研究和认证。好的研发才是好产品的保障。

产品研发完成后，还要做好产品前端的生产管理，同时要有清晰的产品上市方案。针对不同的渠道，要有不同的价格体系和推广策略；针对不同的产品上市阶段，也要有明确的产品营销目标。当然，对应的投入也要有明确的预算。制订完善的产品上市方案，是产品上市成功的关键。

优秀的产品管理者，除了做好新品上市以外，还要跟进后续的产品销售，并根据不同渠道的销售推广阶段性成果，了解市场反馈，对产品进行改进和升级。产品和市场的贴合度越高，产品的营销力就越强。

产品通过渠道到达消费者手中，消费者会有各种体验反馈，包括内容沟通、物流快递、产品使用感等。产品的管理者一定要有全方位的产品体验管理意识，抓住产品消费的细节。让消费者更加满意，才会获得消费者的喜爱，并使其复购。对消费体验的精细化管理，有利于形成产品强大的销售力。

产品有生命周期，从上市到发展、成熟，品牌要有产品不断升级和突破的意识，包括包装、技术、消费体验等多方面的升级。产品阶段性的升级可以延长产品的生命周期，实现产品的长线营销，使产品管理不断精进循环。

产品管理是新消费品牌经营的核心，也是品牌获得胜利的保障。整个团队必须重视产品管理，提升产品管理的高度，为产品服务加码。唯有产品变强大，才能让品牌获得更具优势的发展竞争力。

8. 被消费者投诉，如何应对

品牌在营销管理过程中，有时候会被消费者投诉。顾客就是“上帝”，面对消费者的投诉，品牌一定要认真对待，尊重每一个消费者的诉求，让消费者充分满意。消费者满意度也是品牌美誉度的重要组成部分。

任何管理都需要精细化，消费者投诉管理也不例外。品牌如何更好地应对投诉?

其一，品牌必须认真做好各种投诉信息的收集和整理工作，态度要好、服务要真。

消费者投诉品牌，一定是带着怨气的，他们的态度肯定不会很友好。因此，面对投诉，管理者首先要有耐心，一定要认真听取消费者的意见，整理他们反馈的各种信息，虚心接受他们的意见，这是品牌和消费者沟通的起点。和消费者沟通，更重要的是倾听，而不是与他们争论或者发生冲突。

其二，品牌要有消费者投诉对应的处理流程和责任人，做到快速反应。

当接到消费者的投诉后，对于小问题，品牌客服要迅速处理，安抚消费者，消除误解。而对于不能处理的矛盾，客服一定要反馈给企业的质量管理部门。而质量管理部门必须迅速分析，提出处理建议并上报领导，只有保证时效性，才能确保投诉得到有效处理，确保消费者满意。

其三，面对重大消费投诉，品牌要讲道理、讲法理、讲事理，有理有节。

在处理消费者投诉过程中，品牌也要结合真实问题、真实情况，积极面对。对于一些不理解品牌的消费者，也要和他们讲道理、讲法理，将事实说清楚、讲明白，积极处理，绝不能回避和逃避，也不能情绪化处理。从某种意义上来讲，重大的消费投诉处理过程，其实也是一个公关处理的过程，所以一定要记住一点，在消费者面前要适当地吃亏和让步，不要过于纠结和纠缠。

其四，针对消费者投诉，要有处理后的管理，也就是针对消费者的投诉，要思考从根本上解决或者预防问题发生的方法。

面对消费者投诉，品牌应该整理投诉信息，不断提升服务水平。其中，企业的品牌管理部门和质量管理部门应该针对消费者投诉展开高杠杆分析处理，也就是在问题得到处理以后，为避免类似问题再次发生，在相应的问题中，找到改进的办法。无论是产品、服务，还是企业内部的管理问题，我们都可以从消费者投诉中得到改良和精进，同时要建立自己的预防机制，不要在同一个地方跌倒。

其五，品牌要建立消费者投诉回访机制，做好更加贴心的顾客沟通。

对于部分消费者投诉，品牌可以适当做好消费回访，了解消费者对于意见处理结果的反馈，关心和关爱消费者，尽量让消费者满意。这也是在品牌管理中，真正以消费者为导向的管理表现。

任何品牌在发展过程中，在和消费者沟通时都不可能没有问题。对品牌来说，唯有面对问题、分析问题、解决问题和预防问题再次发生，才能实现高效的消费者服务管理。

9. 完善私域运营

私域运营管理的目的是打造消费者阵地，建立品牌的消费者运营管理能力，精准把握消费趋势和打造销售循环的闭环。

私域运营是一项长期的管理工程，不能急功近利，也不能唯销售论，要有循序渐进的心态。企业要根据自己品牌和品类的特点，根据主消费人群的喜好，做好阶段性目标设计。这个时间可以为 1～2 年，树立长线思维和长线目标。

私域运营与其他管理一样，首先要做好基础工作，包括搭建微信小程序、有赞、微信公众号、社群等多个运营模块，甚至抖音小店和快手小店也可以囊括其中。只有打好基础，并做好基础框架之间的关联和互动，做好大小循环管理，才能够把握精准的管理方向，不走弯路。

私域运营不能天马行空，需要抓住重点，根据时间节点、促销节点，或者结合品牌的重点产品、重点人群去集中突破，策划重点，打造突破方案。从重点上实现了成功，就形成了整体运营势能，可以带动整体管理的顺畅实施。日常的“加粉”操作只是私域运营的一种基础性的管理行为，想要实现私域运营的爆破性增长，则需要做好重点管理。

私域运营只有两种组织管理方式：一种是自己建立团队，还有一种就是与外部合作强化。

针对企业的私域运营，笔者提出了五个建议：

第一，私域运营要和品牌推广同节奏。

品牌战略明确了品牌价值定位，明确了品牌推广阶段性策略和重点，也明确了产品组合重点和内容要求。私域运营也是品牌营销的一个组成部分，因此，私域运营必须与品牌的整体推广规划一致，在整体规划的节奏下做出不同的运营创新表达。

第二，私域运营是内容运营的最好表达。

私域运营从本质上来讲就是与消费者进行有效的沟通，实现消费沉淀。因此，运营的内容是关键。通过润物细无声的内容，打动消费者。只有用心去表达，用心去交流，才是最好的运营管理。

第三，通过不断测试找到最好的投入平衡点。

任何运营都不是固定的，对于不同的时间阶段，不同的消费人群，不同的产品推动方式，不同的沟通模式，都需要我们不断去测试，即不断测试最佳的组合点，包括在推广活动中测试更好的投入平衡点。只要找到最好的投入平衡点，就能够获得最大的投入回报。

第四，私域运营要做好各个渠道的对接和连接。

私域运营一方面要抓大流量的来源，另一方面要通过现有的上下游渠道不断借势、顺势，不断发挥更多的潜力和合力，做好渠道的对接，找到更多的连接，就能够实现更优秀的运营衔接。

第五，要善于借用私域平台多方面合作。

当前很多行业和品类都已经做出了成功的私域平台，这些平台从某种意义上来讲就是一个可以关联销售的渠道。因此，企业可以与这些平台广泛合作，通过合作实现销量的提升。

私域运营不是一朝一夕就可以成功的，只有坚持前进，坚持创新，坚持学习，坚持战斗，才能让企业的私域运营成为品牌营销一个全新的主战场。

10. 算好私域运营的账

所谓“私域”，是品牌或企业直接拥有的，低成本甚至免费触达的、可重复使用的场域。通过私域运营，品牌可以培养自己的超级用户群体，实现高效的产品触达、内容宣导、销售产出等。品牌的私域流量运营得好，就可以在任意时间、任意频次，直接触达消费者，大大降低营销费用。私域运营通过公众号、社群、朋友圈、视频号、私域直播等触点，可增强与用户的互动，快速突破产品认知，促进转化及复购。

可以发现，私域运营，已经是很多新消费品牌的“标配”。比如完美日记、瑞幸、认养一头牛等品牌，都通过私域运营，实现了销量的快速增长，令人羡慕，吸引大家纷纷入局。不过，也有很多品牌的私域运营，还停留在加微信、拉群、产品销售链接轮番轰炸上，这些基本上都是单向输出，很少有人回应，效果自然不理想。不得不说，私域运营开局容易，精通难。私域运营想要有满意的效果，就得算好账，打磨细节，做好内容，而不是把私域当韭菜割。否则，品牌的私域池也只是个蓄不住水的空池子。

那么，品牌要怎么算好私域运营的账，怎么才能获得想要的结果？在笔者看来，需要注意以下几点：

一是做好私域运营规划，包括目标、投入预算、组织架构、人员、策略等，并在实践中不断优化和调整。只有这样，才能让私域运营整体目标可控、费用可控，也就能实现运营效果的可控。

二是借势不同的平台，通过优质内容和特色产品，持续将精准的目标粉丝群体沉淀到自己的私域流量池。

不同的平台，都聚集了一些大号，它们在目标消费群中有很强的号召力。品牌通过借势，能有效吸引目标消费群进入自己的私域流量池。比如认养一头牛这个品牌，通过联合吴晓波频道、老爸评测等“大 V”，快速破圈，再结合社交电商平台等，持续积累粉丝，扩大私域流量池。

当然，在开展运营活动的时候，也要注意对策略和成本的控制。比如冰泉做私域拉新的时候，会规划两部分：一部分为亏损，拉新粉丝并入会；另一部分为盈利，拉粉丝但不入会。

三是打造个性化、专业化的 IP 形象，做精细化的私域内容互动运营。

无论是企业微信、公众号、小程序，还是视频号等，都是品牌在私域中用来触达消费者的工具。因此，私域运营不能把消费者拉入自己的私域运营群后，就不断地单向输出优惠券、促销活动、拼团等粗暴的活动内容。这样不仅不会有效果，还会引发消费者的厌恶，适得其反。品牌要做的，是通过自己的个性化、专业化的 IP 形象，做精细化的私域内容互动运营，给消费者提供他们所需要的价值，这样才能得到消费者的认可，才会产生与消费者的互动。

比如完美日记的私域运营，就设置了上百个真人运营官“小完子”。“小完子”的人设非常鲜活，朋友圈也非常灵动、接地气。这样，就会让添加运营微信的消费者，看到这个账号后有亲切感，拉近彼此的距离，愿意进行日常互动，自然会增强对品牌的黏性。

认养一头牛则是通过企业微信，将导购升级为“营养顾问”。这个“营养顾问”会给消费者提供很多专业的指导，彰显专业的形象，可以很好地引导新消费者关注和互动。

冰泉在私域的精细化运营上，会将粉丝分成不同的类型：成长型会员、储值会员、产品订阅制会员、权益订阅制会员等。根据不同的会员等级，会推出不同的会员权益及专属服务，权益随着会员等级一起提升。通过不同的消费属性、来源渠道进行分层运营，推荐不同客单、不同机制的产品促进转化。当会员长时间未消费时，为了避免会员流失，会及时进行回访触达，进一步增强用户黏性。

私域运营切忌急功近利，切忌粗暴收割，而是需要通过有温度、有亮点的内容运营，激发消费者的兴趣，吸引消费者自动实现消费转化，成为忠实粉丝。

后　记

这本书是我根据自己的"blispring 冰泉"品牌创业实践经验，以及 27 年深入日化消费领域的洞察著成。在这个过程中，我也和很多新消费领域的创业者进行了交流探讨，汲取了新的灵感，让本书的内容更加丰富，为大家更好地呈现新消费品牌飞跃式增长的实践经验。在这里，我非常感谢行业朋友们的无私分享。

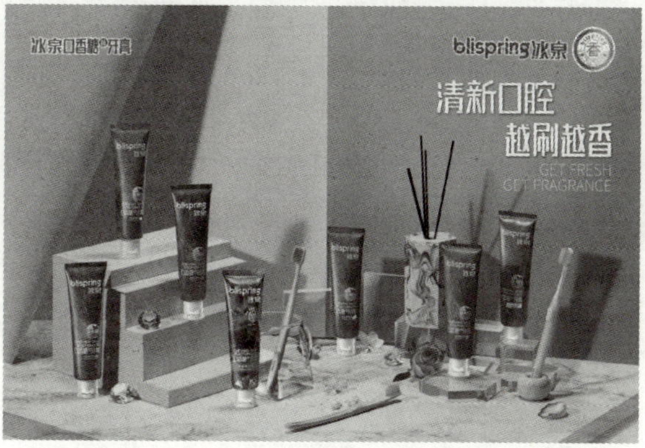

冰泉口香糖牙膏系列

一个新消费品牌的成长壮大，离不开与时俱进、与势俱进的品牌规划、渠道设计、营销推广。在如今的新消费新时代，传统的"4p（即产品（Product、价格 Price、推广 Promotion、渠道 Place）营销"已经跟不上消费者的变化，新消费品牌需要做出颠覆性的创新，结合不同的背景去应对、去突破，跳出产品同质化，做出新时代的个性，满足新消费的需求。

在这一点上，"blispring 冰泉"品牌用三年多的创新实践，开辟口香牙膏这一细分市场，抓住新青年、新媒体、新渠道、新消费、新模式，从竞争激烈的口腔红海中脱颖而出，连年大幅增长，一跃成为口腔赛道中熠熠生辉的新锐领导品牌，正是新时代个性化消费品牌取得小胜利的展现。在品牌实践过程中，"blispring 冰泉"品牌在品牌的塑造、营销的把控、增长体系的构建上，都围绕品牌长期主义的胜利而为，避免成为昙花一现的品牌。

同时，在新消费品牌的快速崛起中，抖音、快手等新渠道占了重要因素。因此，我结合近三年来品牌在抖音、快手电商等新渠道的爆发，结合线下潮流店、便利店的新发展等诸多新时代的因素，梳理总结了新消费品牌的全新消费者营销格局，通过不同的打法，结合自己品牌的特色，实现针对性的“中心造势、周边取量”的品牌制胜之道。

冰泉口香产品（图中依次为：啵兔联名口香糖牙膏、HEY！DD 益生菌口香牙膏、酵素白烟酰胺口香牙膏、玻尿酸口香牙膏、桃花源联名口香牙膏、冰淇淋牙膏、奶茶香牙膏、果汁汽泡漱口水、whiko 联名口香牙膏）

出版这本书，一方面是我想把自己的实践经验、行业观察，与同行分享交流，共促增长，共赢发展，另一方面也希望能推动新消费赛道涌现更多创新的力量，从同质化中跳出来，让新消费领域更加百花齐放，增长更多，走得更远。

程英奇

2023 年 3 月